中学入試にでる順

改訂第2版

四字熟語・ことわざ・慣用句

監修 今中 陽子（スタディサプリ講師）

＊この本には「赤色チェックシート」がついています。

＊この本は、2019年に小社より刊行された
『改訂版 中学入試にでる順 四字熟語・ことわざ・慣用句』の改訂版です。

KADOKAWA

はじめに

この本は、志望校に向かってがんばるみなさんのための本です。この本にのっているのは、過去の入試で出題された重要な語句ばかりです。受験までに、ぜひ身につけてほしいというものを選んで収めています。

国語の入試問題は、文章読解《どっかい》が中心ですが、「四字熟語」「ことわざ」「慣用句」の問題もよく出題されます。全面改訂《かいてい》にあたり、さらに「故事成語《こじせいご》」「和語《わご》」「畳語《じょうご》」の問題を加えました。

問われる形としては、文章題とは別に独立した形で出題されるものと、物語文や説明文などの中に使われている表現について、読解問題と共に、総合的《そうごう》に出題されるものとがあります。

漢字・語句問題を独立した形で出題する学校よりも、文章読解問題の中に組みこまれた形で出題する学校のほうが多い傾向《けいこう》にあります。例えば、次のような形です。

本文　……図書館の片隅《かたすみ》で、ハードカバーに顔を埋《うず》める小さな人影に気づいた。その小学生は、一心○○に本を読んでいた。……

問題　○○に適切な漢字を入れ、四字熟語を完成させなさい。

まず、この場面では小学生が夢中になって本を読んでいるのが分かります。その熱中している様子を表す四字熟語、「一心不乱《いっしんふらん》」を導《みちび》き出します。「一心」のつく四字熟語は、他に「一心同体《いっしんどうたい》」などもありますから、**文脈《ぶんみゃく》に合ったものを答えなくてはなりません。**

このように、文章中の空欄《くうらん》をうめる、あるいは、あてはまるものを記号で選択《せんたく》する、意味を答えるなどの形で、みなさんも語句に関する問題を解いたことがあると思います。正しい答えを導くには、ただ言葉の意味を覚えるだけではなく、状況《じょうきょう》に合わせてその言葉を使いこなさなければいけません。

この本では、解説部分に用例などがありますので、どのような場面に使う言葉なのか、その点も正確に覚えていきましょう。

例えば、「目をうばう」（⬇P74）の場合、用例として「はなやかな衣装《いしょう》に目をうばわれる。」とあります。

「受け身の言い方で使われることが多い」という解説にも注目してほしいのですが、用例の「はなやかな衣装」という部分から、美しいものやすぐれているものに心をひかれているイメージがわきますよね。マイナスイメージの対象物には用いない言葉なのです。このような、**言葉の持つ細かいニュアンスも同時に知ってほしい**と思っています。

近年、**思考力を問う記述《きじゅつ》問題は増加《ぞうか》傾向にあり、豊かな表現力《ひょうげん》が求められています。**この本で基礎《きそ》を固めて、**語彙《ごい》力を高めていきましょう。**

監修　今中　陽子

本書の特長と使い方

この本の特長

❶徹底《てってい》した入試分析《ぶんせき》から、頻出《ひんしゅつ》約３００語を厳選

❷入試問題にもとづいた内容だから、効率的に学べる

❸「入試で差がつくポイント」で、〝思考力〟〝応用力〟を鍛《きた》えられる

この本の構成

前半は、「四字熟語」「ことわざ・慣用句」のそれぞれについて、でる度５〜１の５段階《だんかい》で掲載《けいさい》しています。後半では、テーマ別の問題となっています。でる度順ではなく、ねらわれやすい切り口ごとに問題を掲載しています。

この本の使い方

❶左側のページの答えを赤シートでかくしながら、右側のページの問題を解《と》きましょう。

❷右側のページの問題を解いたら、左側のページにある解答《かいとう》解説を確認《かくにん》しましょう。解答解説では、用例・参考・類語など、関連する言葉や、言葉の使い方も学びましょう。

❸「入試で差がつくポイント」では、入試で問われる、応用的な切り口や発展的な内容《ないよう》を学びます。

目次

[出題校などについて]
この本では、問題であつかった四字熟語・ことわざ・慣用句が、過去の入試で出題された学校を示しています。小社独自の入試分析をもとに記載しております。形式を統一するために一部改変を行っております。また、出題されたすべての学校を示しているわけではありません。複数の学校で出題されたポイントでは、一部の学校の名前を記載しております。

本文デザイン／ムシカゴグラフィクス　キャラクターイラスト／加藤アカツキ　編集協力／望月朋子

でる度⑤

四字熟語①

次の❶から❿の□に入る漢字を下から選び、四字熟語を完成させなさい。

中学入試で最もよくでる四字熟語だよ。しっかり覚えてね。

❶ 異□同音

❷ 一日千□

❸ 一石二□

❹ 絶□絶命

❺ 以心□心

❻ 馬耳東□

❼ 臨□応変

❽ 一進一□

❾ 自□自賛

❿ □刀直入

機	退	口	秋	画
単	風	伝	鳥	体

1 異《い》口《く》同《どう》音《おん》

雙葉中など

多くの人が口《くち》をそろえて同じことを言うこと。

2 一《いち》日《じつ》千《せん》秋《しゅう》

ラ・サール中など

とても待ち遠しいこと。

参考 「いちにちせんしゅう」とも言う。

3 一《いっ》石《せき》二《に》鳥《ちょう》

早稲田大学高等学院中学部など

一つのことをして二つ得をすること。

4 絶《ぜっ》体《たい》絶《ぜつ》命《めい》

サレジオ学院中など

追いつめられてにげる方法がないこと。

5 以《い》心《しん》伝《でん》心《しん》

慶應義塾中等部など

ことばにしなくても気持ちが通じ合うこと。

6 馬《ば》耳《じ》東《とう》風《ふう》

灘中など

他人の忠告《ちゅうこく》を聞かないこと。

7 臨《りん》機《き》応《おう》変《へん》

浅野中など

そのときその場に合ったやり方をすること。

8 一《いっ》進《しん》一《いっ》退《たい》

立教池袋中など

進んだり退《しりぞ》いたりして、なかなか先に進まないこと。

9 自《じ》画《が》自《じ》賛《さん》

白百合学園中など

自分で自分のことをほめること。

10 単《たん》刀《とう》直《ちょく》入《にゅう》

栄東中など

前置きなしに、いきなり大事な話に入ること。

入試で差がつくポイント

1「異句同音」、4「絶対絶命」、10「短刀直入」は誤《あやま》り。気をつけよう。

でる度❺

四字熟語②

次の❶から❺の四字熟語の意味を、下のⒶからⒺの中から選びなさい。

❶ 一朝一夕

❷ 針小棒大

❸ 付和雷同

❹ 我田引水

❺ 心機一転

Ⓐ 自分勝手な行いをすること。

Ⓑ 自分の考えを持たないで、人の意見に賛成《さんせい》すること。

Ⓒ 気持ちを新たに切りかえること。

Ⓓ 大げさに言うこと。

Ⓔ わずかな月日のこと。

❸の問題は
ちょっと難《むずか》しいよ。

① 一朝一夕《いっちょういっせき》 E 横浜雙葉中など

わずかな月日。わずかな時間。

語源 「一回の朝」と「一回の夕」で一日を表すことから。

② 針小棒大《しんしょうぼうだい》 D 神奈川大学附属中など

小さなことを大げさに言うこと。

語源 針のように小さいことを棒のように大きく言うことから。

③ 付和雷同《ふわらいどう》 B 早稲田実業学校中等部など

自分にしっかりとした考えがなく、他人の意見にすぐ同意すること。

参考 「付和」は「他人に付きしたがう」、「雷同」は「強いもの（＝雷《かみなり》）に同意する」という意味。

④ 我田引水《がでんいんすい》 A 公文国際学園中等部など

自分に都合のよい行いばかりすること。

語源 自分（＝我《われ》）の田にだけ水を引く意味から。

⑤ 心機一転《しんきいってん》 C 市川中など

あることをきっかけに、気持ちを切りかえること。

注意 「心気」としない。

入試で差がつくポイント

❶は「勉強は一朝一夕では身につかない」のような表現で使われることが多い。

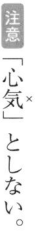

でる度❹

四字熟語①

次の❶から❿の□に入る漢字を下から選び、四字熟語を完成させなさい。

❶ □前絶後

❷ 無我□中

❸ 千差□別

❹ □往左往

❺ 五里□中

❻ 取□選択

❼ 大同小□

❽ 言語□断

❾ 四苦□苦

❿ 十人十□

捨	道	色	右	空
夢	異	八	霧	万

四つの漢字にはいろいろな意味がこめられているよ。

❶ 空《くう》前《ぜん》絶《ぜっ》後《ご》
灘中など
とてもめずらしいこと。

❷ 無《む》我《が》夢《む》中《ちゅう》
白百合学園中など
自分（＝我《われ》）を忘《わす》れて一生懸命《けんめい》になること。

❸ 千《せん》差《さ》万《ばん》別《べつ》
城北中など
たくさんのものがそれぞれ違《ちが》っていること。

❹ 右《う》往《おう》左《さ》往《おう》
西武学園文理中など
あちらに行ったりこちらに行ったり、うろうろすること。

❺ 五《ご》里《り》霧《む》中《ちゅう》
慶應義塾中等部など
先のことを迷《まよ》って、どうしたらいいかわからないこと。

❻ 取《しゅ》捨《しゃ》選《せん》択《たく》
神奈川大学附属中など
いくつかのもののなかから、いるものといらないものを選び分けること。

❼ 大《だい》同《どう》小《しょう》異《い》
渋谷教育学園渋谷中など
細かい部分に違いはあるが、だいたい同じこと。
類語 同《どう》工《こう》異《い》曲《きょく》（➡P22）

❽ 言《ごん》語《ご》道《どう》断《だん》
早稲田中など
ことばも出ないほど、ひどいこと。

❾ 四《し》苦《く》八《はっ》苦《く》
高輪中など
とても苦しむこと。苦労すること。

❿ 十《じゅう》人《にん》十《と》色《いろ》
鎌倉学園中など
性格《せいかく》、好み、考え方などは、人によってみんな違うこと。

入試で差がつくポイント
❷「夢中」と❺「霧中」の違いに注意！　意味を考えて使い分けよう。

でる度④ 四字熟語②

次の❶から❺の四字熟語の意味を、下のⒶからⒺの中から選びなさい。

❶ 七転八倒

❷ 一心不乱

❸ 大器晩成

❹ 自業自得

❺ 意気投合

Ⓐ 自分がしたことの報《むく》いを受けること。

Ⓑ 気持ちがぴったり合うこと。

Ⓒ わき目もふらず、一つのことにはげむこと。

Ⓓ 転げ回って苦しむこと。

Ⓔ 年をとってから立派《りっぱ》になること。

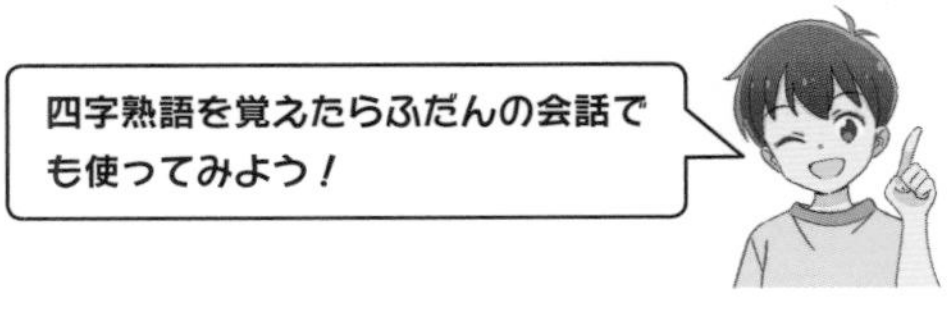
四字熟語を覚えたらふだんの会話でも使ってみよう！

1 七転八倒《しちてんばっとう》 D

江戸川女子中など

何度も転げ回るほど苦しむこと。

注意 四字熟語「七転八起《しちてんはっき》」、慣用句「七転《ななころ》び八起《やお》き」（➡P66）との違《ちが》いに注意。

2 一心不乱《いっしんふらん》 C

三田国際学園中など

心を乱《みだ》さず、一つのことに集中すること。

参考 「乱」は「心を乱す」という意味。

3 大器晩成《たいきばんせい》 E

広尾学園中など

すぐれた人は、若いうちは目立たず、年をとってから立派になるということ。

参考 「大器」は「大人物」という意味。

4 自業自得《じごうじとく》 A

渋谷教育学園幕張中など

自分がした悪い行いが、悪い結果となって自分に返ってくること。

用例 「お菓子《かし》を独《ひと》りじめして腹《はら》をこわしたのだから、自業自得だ。」

5 意気投合《いきとうごう》 B

明治大学付属明治中など

相手と気持ちがぴったり合うこと。

参考 「投合」は「ぴったり合う」という意味。

入試で差がつくポイント

⑤「意気」は「息×」ではない。また、「投合」を「統合×」と書かないように注意。

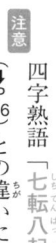

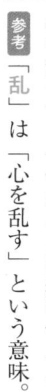

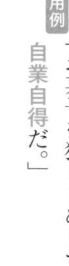

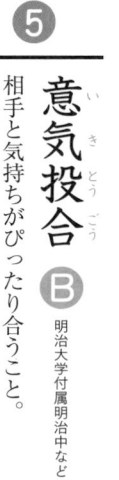

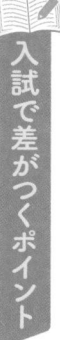

でる度③

四字熟語①

次の❶から❿の□に入る漢字を下から選び、四字熟語を完成させなさい。

❶ 半信半□

❷ 日□月歩

❸ 不□実行

❹ 意味□長

❺ 一□一憂

❻ 前代未□

❼ 縦横□尽

❽ 起死□生

❾ 公明□大

❿ 枝葉□節

無　喜　末　深　聞　正　回　進　疑　言

漢字を答えられるだけでなく、読めるようにもしておこう。

❶ 半《はん》信《しん》半《はん》［疑］《ぎ》　武蔵中など

半分信じて半分疑《うたが》い、完全には信じていないこと。

❷ 日《にっ》［進］《しん》月《げっ》歩《ぽ》　白百合学園中など

文化や技術《ぎじゅつ》などが休みなく進歩すること。

❸ 不《ふ》［言］《げん》実《じっ》行《こう》　灘中など

理屈《りくつ》を言わず、よいと思うことを進んで行うこと。

❹ 意《い》味《み》［深］《しん》長《ちょう》　攻玉社中など

ことばや行動の裏《うら》に、深い意味がかくされていること。

❺ 一《いっ》［喜］《き》一《いち》憂《ゆう》　城北中など

周りの様子が変わるたびに、喜んだり悲しんだりすること。

❻ 前《ぜん》代《だい》未《み》［聞］《もん》　桐光学園中など

聞いたことがないほどめずらしいこと。

❼ 縦《じゅう》横《おう》［無］《む》尽《じん》　中央大学附属横浜中など

自由に思いのまま物事を行うこと。

❽ 起《き》死《し》［回］《かい》生《せい》　市川中など

まったく希望のない状態《じょうたい》から一気に勢《いきお》いを盛《も》り返すこと。

❾ 公《こう》明《めい》［正］《せい》大《だい》　鎌倉学園中など

公平でかくしごとがなく、正しく堂々としていること。

❿ 枝《し》葉《よう》［末］《まっ》節《せつ》　フェリス女学院中など

物事の中心ではなく、それほど重要でないことがら。

入試で差がつくポイント

❷は漢字の順を変えて「日に月に進歩する」と考えよう。❹は「長」を「重（×）」としてしまうミスに注意。

四字熟語②

でる度③

次の❶から❺の四字熟語の意味を、下のⒶからⒺの中から選びなさい。

❶ 一期一会

❷ 一長一短

❸ 因果応報

❹ 温故知新

❺ 疑心暗鬼

Ⓐ 自分の行いにはねかえった報《むく》いがあること。

Ⓑ よいところも悪いところもあること。

Ⓒ 何もかもが信じられないこと。

Ⓓ 昔のことを勉強して新しい考えを得ること。

Ⓔ 一生の間に一度だけ出会うこと。

❶・❷は「一」が二回出てくるね。

1 一期一会《いちごいちえ》 E 女子学院中など

一生に一度の出会いや機会。

参考 「一期」は「一生」という意味。

2 一長一短《いっちょういったん》 B 攻玉社中など

長所も短所もあること。

用例 「新しいカメラがほしくてお店に行ったが、どのカメラも一長一短で決め手に欠ける。」

3 因果応報《いんがおうほう》 A 神奈川大学附属中など

よい行いや悪い行いに応じて、その報いがくること。

参考 「因果」は「原因」「結果」と覚える。

用例 「かわいそうな出来事だったけれど、彼は悪いことをしてきたのだから、因果応報だ。」

4 温故知新《おんこちしん》 D 鷗友学園女子中など

古いことをよく知って、それをもとに現代《げんだい》にも通じる新しい考えを発見すること。

語源 「故《ふる》きを温《たず》ねて（＝温《あたた》めて）新しきを知る」という言葉から。

注意 「故」は「古」と書かないこと。

5 疑心暗鬼《ぎしんあんき》 C 雙葉中など

一度疑《うたが》い始めると、何でもないことまで気になって不安になること。

用例 「不安になったが、自分の疑心暗鬼に過ぎないと思い直した。」

入試で差がつくポイント

5 「疑心暗鬼」は疑《うたぐ》り深い心で見ると、暗やみの中に鬼《おに》がいるように見えるということが元になっている。

でる度②

四字熟語①

次の❶から❿の□に入る漢字を下から選び、四字熟語を完成させなさい。

❶ 千変□化

❷ 奇想□外

❸ 三寒四□

❹ 有名無□

❺ 油断大□

❻ 花□風月

❼ 百□百中

❽ 一挙□得

❾ 自□自足

❿ 起承□結

万	給	鳥	発	両
実	天	敵	転	温

初めて聞く四字熟語もあるかな？

1 千《せん》変《ぺん》万《ばん》化《か》

芝浦工業大学附属中など

いろいろと変化していくこと。

2 奇《き》想《そう》天《てん》外《がい》

高輪中など

ふつうでは思いつかないほどめずらしいこと。

3 三《さん》寒《かん》四《し》温《おん》

聖光学院中など

寒い日と暖《あたた》かい日が数日ずつくり返されること。冬から春に近づく気候を表す。

4 有《ゆう》名《めい》無《む》実《じつ》

女子学院中など

評判ばかり高く、中身はそれほどでもないこと。

5 油《ゆ》断《だん》大《たい》敵《てき》

灘中など

気のゆるみが思わぬ失敗のもとになること。

6 花《か》鳥《ちょう》風《ふう》月《げつ》

栄東中など

自然界の美しい景色《けしき》。

7 百《ひゃっ》発《ぱつ》百《ひゃく》中《ちゅう》

江戸川女子中など

予想や計画がすべてその通りになること。

8 一《いっ》挙《きょ》両《りょう》得《とく》

湘南白百合学園中など

一つのことをして二つの利益《りえき》を得ること。

9 自《じ》給《きゅう》自《じ》足《そく》

お茶の水女子大学附属中など

生活に必要な物を自分でつくって間《ま》に合わせること。

10 起《き》承《しょう》転《てん》結《けつ》

桜美林中など

文章や物事を組み立てる理想的な順序《じゅんじょ》。

入試で差がつくポイント

❹の「名」は「評判」、「実」は「中身」を表している。

でる度②

四字熟語②

次の❶から❺の四字熟語の意味を、下のⒶからⒺの中から選びなさい。

❶ 本末転倒

❷ 優柔不断

❸ 晴耕雨読

❹ 傍若無人

❺ 八方美人

Ⓐ 自由気ままに生活すること。

Ⓑ 自分勝手な行動をすること。

Ⓒ なかなか決められないこと。

Ⓓ 重要なことが後回しになること。

Ⓔ みんなによい顔をすること。

勉強のし過《す》ぎで体調をくずしたら「本末転倒」だよ！

1 本末転倒《ほんまつてんとう》 D

フェリス女学院中など

重要なこととそうでないことの優先順位《ゆうせん》が逆《さか》さまになること。

参考 「本」＝重要なこと。「末」＝重要でないこと。

2 優柔不断《ゆうじゅうふだん》 C

慶應義塾中等部など

ぐずぐずして物事をはっきり決められないこと。

参考 「不断」は「決断できない」という意味。

3 晴耕雨読《せいこううどく》 A

ラ・サール中など

のんびりと心おだやかに生活すること。

参考 晴れた日は田畑を耕し、雨の日は本を読む生活を表す。

4 傍若無人《ぼうじゃくぶじん》 B

サレジオ学院中など

傍《かたわ》ら（＝自分のそば）の人のことを考えずに、自分勝手でめいわくな行動をすること。

注意 「暴若無人」と書かないように注意。

5 八方美人《はっぽうびじん》 E

立教新座中など

だれにでも好かれるようにふるまうこと。

用例 「八方美人の姉はクラスの人気者らしい。」

入試で差がつくポイント

❹「傍若無人」は、「傍《かたわ》らに人《ひと》無《な》きが若《ごと》し」（周りに人がいないのと同じという意味）という漢文（＝昔の中国の文章）が元になっている。

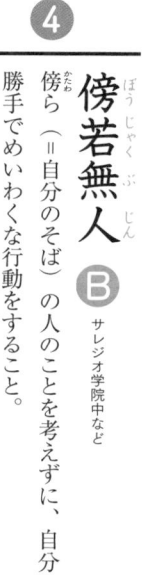

でる度①

四字熟語①

次の❶から⑩の□に入る漢字を下から選び、四字熟語を完成させなさい。

意味をよく考えながら、漢字をあてはめよう。

❶ 一□同体

❷ 弱肉□食

❸ 一部□終

❹ □載一遇

❺ 同□異曲

❻ 試□錯誤

❼ □中模索

❽ 用意□到

❾ 首□一貫

⑩ 電光石□

強　千　周　心　暗

工　行　始　尾　火

1 一心同体《いっしんどうたい》

女子学院中など

複数《ふくすう》の人が同じ気持ちで物事に取り組むこと。

2 弱肉強食《じゃくにくきょうしょく》

大妻中など

強いものが弱いものを負かして栄えること。

3 一部始終《いちぶしじゅう》

大妻中など

物事の始めから終わりまで。

4 千載一遇《せんざいいちぐう》

早稲田大学高等学院中学部など

千年に一度しかないくらいの絶好《ぜっこう》の機会。

5 同工異曲《どうこういきょく》

鷗友学園女子中など

見た目は違《ちが》うが実質《じっしつ》は同じこと。

類語 大同小異《だいどうしょうい》 (➡P10)

6 試行錯誤《しこうさくご》

開成中など

何度も試《ため》して失敗しながら解決《かいけつ》する方法を見つけること。

7 暗中模索《あんちゅうもさく》

白百合学園中など

先がわからない状態《じょうたい》のなかで、探したり考えたりすること。

8 用意周到《よういしゅうとう》

頌栄女子学院中など

しっかり準備《じゅんび》して、手ぬかりがないこと。

9 首尾一貫《しゅびいっかん》

本郷中など

考えや方針《ほうしん》などが始めから終わりまで変わらないこと。

10 電光石火《でんこうせっか》

高輪中など

目にもとまらないくらいすばやいこと。

入試で差がつくポイント

⑤の元の意味は「技量（＝工）は同レベルで曲が異なるだけだ」ということ。

でる度❶

四字熟語②

次の❶から❺の四字熟語の意味を、下のⒶからⒺの中から選びなさい。

❶ 徹頭徹尾

❷ 海千山千

❸ 二束三文

❹ 自暴自棄

❺ 適材適所

Ⓐ 悪賢《わるがしこ》いこと。

Ⓑ その人に合った役目を与《あた》えること。

Ⓒ 始めから終わりまで変わらないこと。

Ⓓ 値段《ねだん》がとても安いこと。

Ⓔ やけになること。

四字熟語の「でる順」は
これでおしまいだよ！

1 徹頭徹尾《てっとうてつび》 C

自修館中等教育学校など

考えや態度《たいど》などが一貫《いっかん》していること。

類語 首尾一貫《しゅびいっかん》（➡P22）

2 海千山千《うみせんやません》 A

攻玉社中など

いろいろな経験《けいけん》を積んで悪知恵《わるぢえ》がつくこと。

語源 海に千年、山に千年住むほどの経験を積んでいるということから。

3 二束三文《にそくさんもん》 D

公文国際学園中等部など

数が多くてもたいした金額《きんがく》にならないこと。

参考 「文《もん》」は昔《むかし》のお金の単位。

用例 「引っ越しをするので、家具を売り払ったが、二束三文にしかならなかった。」

4 自暴自棄《じぼうじき》 E

開智中など

物事が思うようにいかず、やけになって、わざと自分の身をそまつにあつかうこと。

用例 「試合に負けたからといって自暴自棄になるな。」

5 適材適所《てきざいてきしょ》 B

サレジオ学院中など

人の能力《のうりょく》や適性《てきせい》を正しく見きわめ、それに合った役目を与えること。

用例 「適材適所で役割分担《ぶんたん》をするのがリーダーの務《つと》めだ。」

入試で差がつくポイント

「徹頭徹尾」「適材適所」など、同じ漢字を繰《く》り返す四字熟語が多いことに着目しよう。

でる度⑤

ことわざ・慣用句①

次の❶から❺の□に入るものを下から選び、ことわざ・慣用句を完成させなさい。

❶ □の耳に念仏

❷ □も木から落ちる

❸ 泣き面に□

❹ □の上にも三年

❺ □の川流れ

馬　かっぱ　はち　石　さる

1

馬《うま》の耳《みみ》に念仏《ねんぶつ》

浅野中など

どんなに言って聞かせてもききめがないこと。

類語 猫《ねこ》に小判《こばん》（➡P30）
ぶたに真珠《しんじゅ》（➡P76）

2

さるも木《き》から落《お》ちる

攻玉社中など

どんな名人でも、ときには失敗することがあるということ。

類語 かっぱの川流《かわなが》れ（➡P26）
弘法《こうぼう》も筆《ふで》の誤《あやま》り（➡P32）

3

泣《な》き面《つら》にはち

早稲田大学高等学院中学部など

悪いことが重なること。

参考 「泣《な》きっ面《つら》にはち」とも言う。

類語 弱《よわ》り目《め》にたたり目《め》（➡P46）

用例 「たなに足をぶつけたうえに、たなからものが落ちてくるとは、泣き面にはちだ。」

4

石《いし》の上《うえ》にも三年《さんねん》

女子学院中など

じっとがまんをすれば、よい結果が得られるということ。

語源 冷たい石の上でも三年もすわれば温かくなるということから。

5

かっぱの川流《かわなが》れ

普連土学園中など

「さるも木《き》から落《お》ちる」（➡P26）と同じような意味。

語源 かっぱは想像上《そうぞうじょう》の生き物で、泳ぎがうまい。そんなかっぱでも川で流されることがあるということから。

入試で差がつくポイント

ことわざには、昔から日本にある自然や生き物に関する語句がよく出てくることに注意。

ことわざ・慣用句②

でる度⑤

次の❶から❺のことわざ・慣用句の意味を、下のⒶからⒺの中から選びなさい。

❶ 舌を巻く

❷ まゆをひそめる

❸ 息をのむ

❹ 気が置けない

❺ 寝耳に水

Ⓐ とつぜんの出来事におどろくこと。

Ⓑ いやな気持ちを顔に表すこと。

Ⓒ 呼吸《こきゅう》を忘《わす》れるほどはっとすること。

Ⓓ すばらしさに感心すること。

Ⓔ えんりょがいらないこと。

❶・❸の意味は少し似《に》ているよ。間違《まちが》えないでね！

1

舌《した》を巻《ま》く D 立教新座中など

ことばが出ないほどおどろいたり、感心したりすること。

用例 「サッカー選手の見事なドリブルに、みんな舌を巻いた。」

2

まゆをひそめる B 聖光学院中など

まゆとまゆの間にしわを寄《よ》せて、いやな気持ちを表すこと。

参考 「ひそめる」は、しわを寄せる様子を表す。

類語 顔《かお》をしかめる（⬇P80）

3

息《いき》をのむ C 公文国際学園中等部など

思いがけない出来事にはっとして、息をするのも忘れること。

用例 「ドレスの美しさに息をのんだ。」

4

気《き》が置《お》けない E 成蹊中など

気をつかわないこと。打ち解《と》けられること。「気の置《お》けない」とも言う。「気が置ける」が「気をつかう」という意味で、「気が置けない」はその反対の気をつかわなくていいという意味となる。

用例 「気が置けない友人と一緒にいると、落ち着くものだ。」

5

寝《ね》耳《みみ》に水《みず》 A 逗子開成中など

急に思いがけないことが起こり、おどろくこと。

類語 やぶから棒《ぼう》（⬇P90）

入試で差がつくポイント

❹「気が置けない人」を、「気をつかう人」「油断ができない人」と間違えやすいので要注意！

でる度❺

ことわざ・慣用句③

次の❶から❺のことわざ・慣用句の意味を、下のⒶからⒺの中から選びなさい。

❶ 石橋をたたいて渡る

❷ あぶはち取らず

❸ 猫に小判

❹ 百聞は一見にしかず

❺ 立て板に水

Ⓐ すらすらとなめらかに話すこと。

Ⓑ 価値《かち》が高い物を与《あた》えてもむだなこと。

Ⓒ 物事を知るには体験が大事だということ。

Ⓓ 二つのものを得ようとして失敗すること。

Ⓔ 用心に用心を重ねること。

ことわざを何度も声に出して、すらすらと言えるようになろう。

1 石橋《いしばし》をたたいて渡《わた》る　E

女子学院中など

用心し過《す》ぎるくらいに用心深く行動すること。

語源 じょうぶな石橋がくずれることをおそれて、橋の強度《きょうど》を確《たし》かめてから渡ることから。

類語 転《ころ》ばぬ先《さき》の杖《つえ》（⬇P50）

2 あぶはち取《と》らず　D

灘中など

同時に二つのことをしようとして、結局はどちらも成功しないこと。

類語 二兎《にと》を追《お》う者《もの》は一兎《いっと》をも得《え》ず（⬇P50）

3 猫《ねこ》に小判《こばん》　B

慶應義塾中等部など

価値がわからない人に、高価な物をあげてもむだなこと。

類語 馬《うま》の耳《みみ》に念仏《ねんぶつ》（⬇P26）
ぶたに真珠《しんじゅ》（⬇P76）

4 百聞《ひゃくぶん》は一見《いっけん》にしかず　C

普連土学園中など

百聞（＝何度も聞く）よりも一見（＝体験）した方が、物事をよく知ることができるということ。

参考 「AはBにしかず」は、「Bの方がAよりもよい」という意味。

5 立《た》て板《いた》に水《みず》　A

國學院大學久我山中など

立てた板に水を流すように、すらすらとよどみなく話すこと。

用例 「父はサッカーの話になると立て板に水で、なかなか話が止まらない。」

入試で差がつくポイント

写真で見るより、実際に旅行した方がよくわかる場合などを、❹「百聞は一見にしかず」と言ったりする。

でる度⑤

ことわざ・慣用句④

次の❶から❺のことわざ・慣用句の意味を、下のⒶからⒺの中から選びなさい。

❶ 猫の額

❷ 青菜に塩

❸ 一寸の虫にも五分の魂

❹ のれんに腕押し

❺ 弘法も筆の誤り

Ⓐ とてもせまい場所のこと。

Ⓑ 手ごたえがないこと。

Ⓒ 弱いものにも意地があること。

Ⓓ その道にくわしい人でも間違《まちが》えることがあること。

Ⓔ 急に元気がなくなってしまうこと。

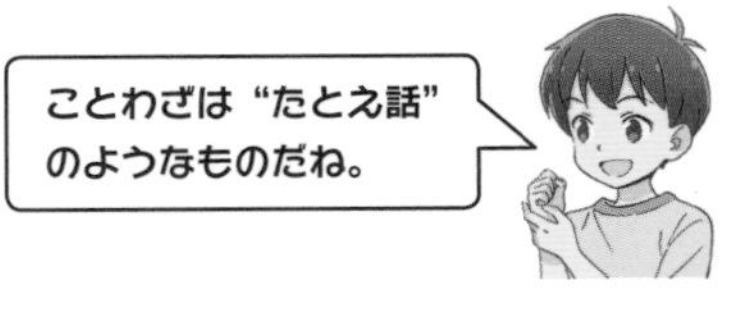
ことわざは“たとえ話”のようなものだね。

1 猫《ねこ》の額《ひたい》 A

芝中など

とてもせまい場所のこと。

語源 猫の額は、実際《じっさい》にとてもせまいことから。

用例 「我が家は、猫の額のような土地に建っている。」

2 青菜《あおな》に塩《しお》 E

高輪中など

元気のよかった人が急にしょんぼりすること。

語源 青菜に塩をふりかけると、水分がぬけてしなびてしまうことから。

3 一寸《いっすん》の虫《むし》にも五分《ごぶ》の魂《たましい》 C

灘中など

どんなに弱いものでも意地があるから、ばかにしてはいけないということ。

参考 「一寸」は約3センチメートルで、小ささを表す。「五分」は一寸の半分。

4 のれんに腕押《うでお》し B

江戸川学園取手中など

手ごたえや張《は》り合いがないこと。

語源 のれんは手ではらうもので、押しても手ごたえがないことから。（「腕押し」は「腕相撲《ずもう》」のことという説もある。）

類語 ぬかにくぎ（➡P40）
豆腐《とうふ》にかすがい

5 弘法《こうぼう》も筆《ふで》の誤《あやま》り D

鎌倉女学院中など

どんな名人でも、ときには失敗することがあるということ。

参考 弘法大師《だいし》は、昔の僧《そう》で、書の名人。「弘法《こうぼう》にも筆《ふで》の誤《あやま》り」とも言う。

類語 さるも木《き》から落《お》ちる（➡P26）
かっぱの川流《かわなが》れ（➡P26）

入試で差がつくポイント

❹「のれんに腕押し」は、相手に何を言っても反応がなくてがっかりするような場面で使われる。

でる度⑤

ことわざ・慣用句⑤

次の❶から❺の□に入るものを下から選び、ことわざ・慣用句を完成させなさい。

❶ □を割って話をする。

❷ 兄が代表選手になって、ぼくも□が高い。

❸ 弟のわがままにはいつも□を焼く。

❹ おどろいて□を丸くする。

❺ 人の話に□を差すな。

腹　水　目　手　鼻

例文をよく読んで
考えてね。

1 腹《はら》を割《わ》る

浅野中など

心で思っていることをかくさずに打ち明けること。

参考 この場合の「腹」は「考え・本心」という意味。

2 鼻《はな》が高《たか》い

市川中など

ほこらしくて得意になること。

注意 「鼻《はな》にかける」（➡P38）、「鼻《はな》につく」（➡P82）との違《ちが》いに注意。

3 手《て》を焼《や》く

明治大学付属中野中など

どうあつかっていいか困《こま》ること。

参考 「弟はわがままで手が焼ける」などの言い方もある。

4 目《め》を丸《まる》くする

白百合学園中など

おどろいて目を大きく見開くこと。感心すること。

注意 「目《め》を皿《さら》にする」（➡P86）との違いに注意。

用例 「兄の姿を見つけた彼女は、目を丸くしておどろいた様子だった。」

5 水《みず》を差《さ》す

広尾学園中など

うまくいっている物事のじゃまをすること。

参考 仲がよい人同士のじゃまをして仲たがいをさせるような場面でも使われる。

用例 「水を差すようで申し訳ございませんが、この計画はいずれうまくいかなくなると思います。」

入試で差がつくポイント

慣用句は、目・鼻など体の一部を使って、人の気持ちを表す言いまわしが多い。

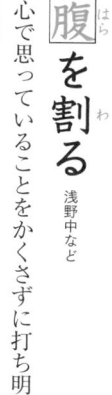

でる度5

ことわざ・慣用句⑥

次の1から5の□に入るものを下から選び、ことわざ・慣用句を完成させなさい。

1 □が合う

2 井の中の□大海を知らず

3 とらぬ□の皮算用

4 □の一声

5 □心あれば水心

蛙　馬　たぬき　魚　鶴

1

馬《うま》が合《あ》う

渋谷教育学園幕張中など

二人の気持ちがぴったり合うこと。

語源 乗馬で馬と乗り手の気持ちが合わないと、うまくいかないことから。

用例 「二人は馬が合うようで、いつも一緒にいる。」

2

井《い》の中《なか》の蛙《かわず》大海《たいかい》を知《し》らず

攻玉社中など

ものの見方がせまいこと。

参考 「井」は「井戸」を表す。

3

とらぬたぬきの皮算用《かわざんよう》

豊島岡女子学園中など

どうなるかわからないのに、あてにして期待すること。

参考 「皮算用」とは、皮の値段《ねだん》を計算すること。

4

鶴《つる》の一声《ひとこえ》

鎌倉学園中など

実力がある人のひと言で、すべてが決まってしまうこと。

用例 「家族旅行の行き先は、母の鶴の一声で決まった。」

5

魚《うお》心《ごころ》あれば水心《みずごころ》

栄東中など

相手の態度《たいど》によって自分の態度を決めること。

参考 「魚、心あれば、水、心（あり）」と区切ると意味がわかりやすい。

入試で差がつくポイント

生き物に関することわざ・慣用句の出題はとても多い。ここで学んだもののほかに「からすの行水《ぎょうずい》」（＝入浴時間が短いこと）、「まな板《いた》の鯉《こい》」（＝相手の思い通りになるしかない様子）なども覚えておこう。

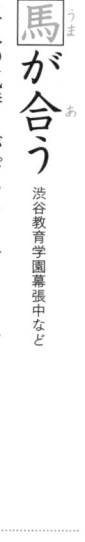

でる度⑤

ことわざ・慣用句⑦

次の❶から❺のことわざ・慣用句の意味を、下のⒶからⒺの中から選びなさい。

❶ 焼け石に水

❷ 歯に衣を着せぬ

❸ 鼻にかける

❹ 急がば回れ

❺ どんぐりの背比べ

Ⓐ 少しばかりの努力では効《き》き目がないこと。

Ⓑ じまんしていばること。

Ⓒ みんな似《に》ていて変わりばえしないこと。

Ⓓ 率直《そっちょく》にものを言うこと。

Ⓔ あわてないで、確実《かくじつ》な方法を選んだ方がよいということ。

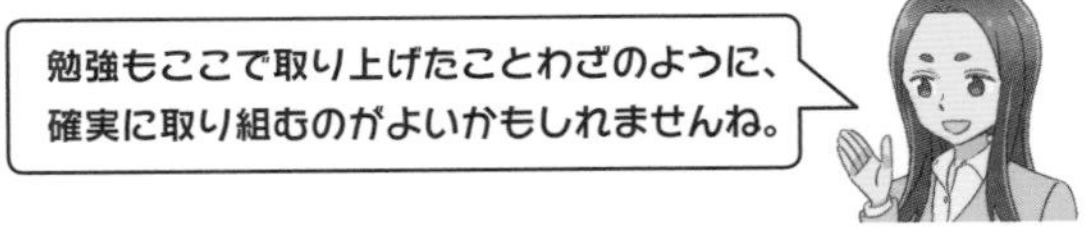
勉強もここで取り上げたことわざのように、確実に取り組むのがよいかもしれませんね。

1 焼《や》け石《いし》に水《みず》 A
渋谷教育学園幕張中など

焼けた石に水をかけてもすぐかわいてしまうように、少しばかり努力をしても効き目がないこと。

用例 「今さら練習しても焼け石に水だ。」

2 歯《は》に衣《きぬ》を着《き》せぬ D
聖光学院中など

思っていることをずけずけと言うこと。

参考 「歯《は》に衣《きぬ》着《き》せぬ」とも言う。「衣」は「衣服」のこと。

注意 「着せぬ」は「着せない」という意味。「きぬ」という読み方に注意。

3 鼻《はな》にかける B
鎌倉女学院中など

じまんしていばること。

用例 「彼は一位をとっても鼻にかけることなく、さらに努力するからすばらしい。」

4 急《いそ》がば回《まわ》れ E
栄東中など

急ぐときこそ、あぶない方法を選ぶより、時間がかかっても安全な方法を選んだ方が、結果として早く目的を達成できるということ。

参考 「急がば」は、「もし急ぐなら」という意味。

類語 急《せ》いては事《こと》を仕損《しそん》じる (➡P56)

5 どんぐりの背比《せいくら》べ C
学習院中等科など

みんな同じくらいで、とくにすぐれたものがないこと。

用例 「全員どんぐりの背比べで、だれを選んだらいいかわからない。」

入試で差がつくポイント
❷ 「歯に衣を着せぬ」の反対の意味の慣用句は、「奥歯に物がはさまったような」(=はっきりとものを言わない様子)。

でる度❺

ことわざ・慣用句⑧

次の❶から❺のことわざ・慣用句の意味を、下のⒶからⒺの中から選びなさい。

❶ 拍子ぬけする

❷ ぬかにくぎ

❸ たなからぼたもち

❹ 途方に暮れる

❺ 足が出る

Ⓐ どうしたらよいかわからないこと。

Ⓑ 思いがけない幸運に出会うこと。

Ⓒ お金が足りなくなること。

Ⓓ 張《は》り合いがなくなること。

Ⓔ まるで手ごたえがないこと。

❸は、自分の好物がたなから落ちてきた場面を想像《そうぞう》してみようね。

① 拍子《ひょうし》ぬけする D

公文国際学園中等部など

はりきっていたことがむだになって、気がぬけること。

参考 「拍子」は「規則《きそく》正しく繰《く》り返される音」のこと。

② ぬかにくぎ E

聖光学院中など

手ごたえがまったく感じられないこと。

語源 ぬかはやわらかくて、くぎを打っても手ごたえがないことから。

類語 のれんに腕押《うでお》し（↓P32）
豆腐《とうふ》にかすがい

③ たなからぼたもち B

普連土学園中など

たなから落ちてきたぼたもちが口の中に自然に入るように、思いがけない幸運に出会うこと。

参考 「ぼたもち」は「おはぎ」のこと。

④ 途方《とほう》に暮《く》れる A

浦和明の星女子中など

どうしたらよいかわからなくて困《こま》ること。

参考 「途方」は「方法」という意味。

用例 「見知らぬ土地で道にまよってしまい、途方に暮れている。」

⑤ 足《あし》が出《で》る C

灘中など

予定よりもお金がかかってしまうこと。

参考 お金のことを「足」と言うことがある。

用例 「旅行に行ったが、計画よりも足が出てしまった。」

入試で差がつくポイント

②の「ぬか」「くぎ」、③の「ぼたもち」を空欄《くうらん》にして答えさせる出題もあるので要注意。

でる度⑤

ことわざ・慣用句⑨

次の❶から❺のことわざ・慣用句の意味を、下のⒶからⒺの中から選びなさい。

とび(鳶)とは、たか(鷹)の仲間だよ。

❶ 雨降って地固まる

❷ えびで鯛をつる

❸ 立つ鳥あとをにごさず

❹ とびがたかを生む

❺ 能あるたかは爪をかくす

Ⓐ わずかなものから価値《かち》あるものを手に入れること。

Ⓑ きちんと片《かた》づけてからその場を立ち去ること。

Ⓒ もめごとなどのあとはかえって状態《じょうたい》が前よりよくなること。

Ⓓ 本当に実力のある者は目立たないこと。

Ⓔ へいぼんな親からすぐれた子が生まれること。

1

雨《あめ》降《ふ》って地《じ》固《かた》まる C

攻玉社中など

もめごとのあとはかえってよい関係になれること。

語源 雨が降ってぬれた地面は、かわくと前よりも固くなることから。

2

えびで鯛《たい》をつる A

立教池袋中など

たいしたことのない物を元手《もとで》に大物を得ること。

参考 「えび」は「小物」、「鯛」は「大物」を表す。

3

立《た》つ鳥《とり》あとをにごさず B

三田国際学園中など

あとが見苦しくないように、整えてから立ち去るべきだといういましめ。

語源 鳥が飛び立ったあとの水面がきれいなことから。

4

とびがたかを生《う》む E

灘中など

へいぼんな親からすぐれた子が生まれること。

参考 「とんびがたかを生《う》む」とも言う。

5

能《のう》あるたかは爪《つめ》をかくす D

頌栄女子学院中など

すぐれた才能がある者は、それを見せびらかすようなことはしないということ。

注意 「能」を「脳」と書くのは誤《あやま》り。

入試で差がつくポイント

4 「とび」も「たか」も同じタカ科の鳥だが、昔からたかの方がとびよりも高貴《こうき》ですぐれていると思われている。

でる度⑤

ことわざ・慣用句⑩

次の❶から❺のことわざ・慣用句の意味を、下のⒶからⒺの中から選びなさい。

❶ 顔が広い

❷ 一目置く

❸ 目をみはる

❹ くぎを刺《さ》す

❺ 二の足をふむ

Ⓐ 気が進まないこと。

Ⓑ おどろいたり感心したりすること。

Ⓒ 相手がすぐれていると認《みと》めること。

Ⓓ 強く言い聞かせること。

Ⓔ 知り合いが多いこと。

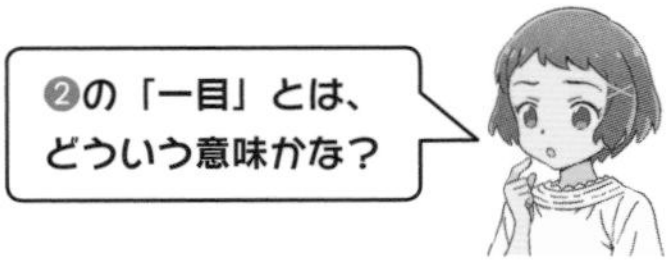
❷の「一目」とは、
どういう意味かな？

1 顔《かお》が広《ひろ》い E

洗足学園中など

つきあいが広くて知り合いが多いこと。

用例 「顔が広い姉には年賀状《ねんがじょう》がたくさん届《とど》く。」

2 一目置《いちもくお》く C

サレジオ学院中など

相手がすぐれていると認めて、敬意《けいい》をはらうこと。

語源 碁《ご》を打つとき、実力が低い人の方が先に碁盤《ごばん》の上に石を置いて始めることから。

参考 「目《もく》」は囲碁《いご》で使われる数え方の単位。

3 目《め》をみはる B

雙葉中など

おどろいたり感心したりすること。

参考 「みはる」は大きく見開くこと。

4 くぎを刺《さ》す D

海城中など

前もって強く言い聞かせること。

用例 「買い物前に『今日はお菓子《かし》は買わないよ』と母からくぎを刺された。」

5 二《に》の足《あし》をふむ A

高輪中など

気が進まないこと。ためらうこと。

語源 一歩目はふみ出せても、二歩目はふみ出せない様子から。

入試で差がつくポイント

❷は、「虫の生態《せいたい》にくわしい田中くんは、理科の先生からも一目置かれている。」のように使う。

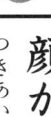

でる度④

ことわざ・慣用句①

次の❶から❺のことわざ・慣用句の意味を、下のⒶからⒺの中から選びなさい。

❶ 弱り目にたたり目

❷ 案ずるより産むがやすし

❸ 枯れ木も山のにぎわい

❹ 三つ子の魂百まで

❺ 朱に交われば赤くなる

Ⓐ 周りからえいきょうを受けやすいこと。

Ⓑ 幼《おさな》いときの性質《せいしつ》はずっと変わらないこと。

Ⓒ 心配するよりも、やってみた方がよいこと。

Ⓓ つまらないものでも、ないよりはましなこと。

Ⓔ 不運に不運が重なること。

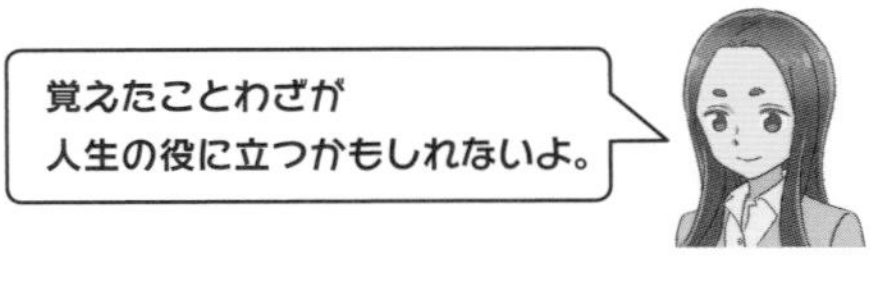
覚えたことわざが
人生の役に立つかもしれないよ。

1

弱《よわ》り目《め》にたたり目《め》

E 逗子開成中など

困《こま》っているときに、さらに困ったことが起こること。

類語 泣《な》き面《つら》にはち （➡P26）

2

案《あん》ずるより産《う》むがやすし

C 灘中など

あれこれ心配するより、実際《じっさい》にやってみると案外うまくいくというたとえ。

参考 「案ずる」は「心配する」、「やすし」は「簡単《かんたん》だ」という意味。

3

枯《か》れ木《き》も山《やま》のにぎわい

D 聖光学院中など

枯れ木のようにあまり役に立たないものでも、ないよりはあった方がよいということ。

注意 自分のことをへりくだって言うときに使う。

4

三《み》つ子《ご》の魂《たましい》百《ひゃく》まで

B 国府台女子学院中学部など

幼いときに身についたことは、年をとっても変わらないというたとえ。

参考 「三つ子」は三歳《さい》の子という意味。

類語 すずめ百《ひゃく》までおどり忘《わす》れず （➡P60）

5

朱《しゅ》に交《まじ》われば赤《あか》くなる

A 開智中など

周りの人や環境《かんきょう》にえいきょうを受けやすいということ。

語源 朱色が交ざるとどんな色も赤味を増《ま》すことから。

入試で差がつくポイント

③「枯れ木も山のにぎわいと言いますから、ぜひ来てください。」のように、相手に用いる使い方は誤《あやま》り。

でる度❹

ことわざ・慣用句②

次の❶から❺のことわざ・慣用句の意味を、下のⒶからⒺの中から選びなさい。

❶ 音を上げる

❷ 手に余る

❸ 鼻を明かす

❹ 耳をかたむける

❺ 合点がいく

Ⓐ 自分の力ではどうにもならないこと。

Ⓑ がまんできずに降参《こうさん》すること。

Ⓒ 納得《なっとく》すること。

Ⓓ 相手を出しぬいておどろかすこと。

Ⓔ よく注意して話を聞くこと。

❶・❺は読み方にも気をつけてね。

①
音《ね》を上《あ》げる　B 城北中など

つらいことにたえられず、やめてしまうこと。

語源 あまりにつらくて声を上げる様子から。

用例 「兄は部活動の練習がつらくて、ついに音を上げた。」

②
手《て》に余《あま》る　A 明治大学付属中野中など

自分の力以上のことに直面して、どうすることもできないこと。

用例 「三匹《びき》の子犬の世話はわたしの手に余る。」

類語 手《て》に負《お》えない

③
鼻《はな》を明《あ》かす　D 市川中など

得意そうになっている人のすきをついて、おどろかしたりやりこめたりすること。

類語 鼻《はな》を折《お》る

④
耳《みみ》をかたむける　E 浅野中など

一生懸命《けんめい》に話を聞くこと。

類語 耳《みみ》をすます（➡P118）
耳《みみ》をそばだてる

⑤
合《が》点《てん》がいく　C 開智中など

いろいろ話を聞いて、事情《じじょう》がよくわかること。

注意 「合点」は「承知《しょうち》すること・納得すること」で、「がってん」とも読む。ただし「がってんがいく」とは言わない。

用例 「事件の背景がよくわからなかったが、彼から話を聞いて合点がいった。」

入試で差がつくポイント

⑤「合点がいく」は、その反対の意味の「合点がいかない」（＝納得できない）という形で出題されることも多い。

でる度❹

ことわざ・慣用句③

次の❶から❺のことわざ・慣用句の意味を、下のⒶからⒺの中から選びなさい。

ことわざは人生の道しるべだね。

❶ 転ばぬ先の杖

❷ 仏の顔も三度

❸ ぬれ手で粟

❹ すずめの涙

❺ 二兎を追う者は一兎をも得ず

Ⓐ あらかじめ用心すること。

Ⓑ 数が少ないこと。

Ⓒ おだやかな人も度が過《す》ぎればおこるということ。

Ⓓ 二つのことを同時にするとうまくいかないこと。

Ⓔ 大きな利益《りえき》を楽に得ること。

1 転《ころ》ばぬ先《さき》の杖《つえ》 A

三田国際学園中など

失敗しないように前もって準備《じゅんび》しておくこと。

類語 石橋《いしばし》をたたいて渡《わた》る (➡P30)

2 仏《ほとけ》の顔《かお》も三度《さんど》 C

立教池袋中など

どんなに温厚《おんこう》な人でも、何度もひどいことをされればおこりだすということ。

参考 「仏」は「情《なさ》け深い人」を表す。「仏《ほとけ》の顔《かお》も三《さん》度《ど》まで」とも言う。

3 ぬれ手《て》で粟《あわ》 E

鎌倉女学院中など

苦労しないでたくさんもうけること。

語源 粟は穀物《こくもつ》の一種。ぬれた手で粟をさわると自然にたくさんつくことから。

参考 「ぬれ手《て》に粟《あわ》」とも言う。

用例 「ぬれ手で粟をつかむように、たくさんのお金を手に入れた。」

4 すずめの涙《なみだ》 B

渋谷教育学園幕張中など

とても少ないことのたとえ。

用例 「水筒《すいとう》のお茶を飲もうとしたら、すずめの涙ほどしか残っていなかった。」

5 二兎《にと》を追《お》う者《もの》は一兎《いっと》をも得《え》ず D

栄東中など

二つのことを同時にしようとすると、結局はどちらも成功しないというたとえ。

参考 「二兎」は「二匹《ひき》のウサギ」のこと。

類語 あぶはち取《と》らず (➡P30)

入試で差がつくポイント

1 「転ばぬ先」は「転ばないように前もって」という意味。

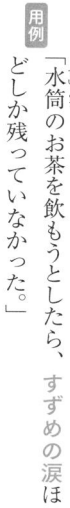

でる度④

ことわざ・慣用句④

次の❶から❺の
□に入るものを下から選び、
ことわざ・慣用句を完成させなさい。

❶ 毎日、□を粉にして働く。

❷ わけがわからず、□をかしげた。

❸ 探し物が見つかって□をなで下ろした。

❹ 目から□へぬけるような子だ。

❺ 弟は人の話に□を貸そうとしない。

首　身　胸　鼻　耳

体の一部を使って、状況《じょうきょう》を
うまく言い表しているね。

1 身《み》を粉《こ》にする
ラ・サール中など

一生懸命《けんめい》に働くこと。

注意 「身をこなにする」とは読まないので注意。

2 首《くび》をかしげる
神奈川大学附属中など

何か変だと疑問《ぎもん》を感じること。

参考 「かしげる」は「かたむける」という意味。

類語 首《くび》をひねる （↓P80）

3 胸《むね》をなで下《お》ろす
湘南学園中など

ほっと安心すること。

参考 「なで下ろす」は、手のひらで上から下へとなでること。

4 目《め》から鼻《はな》へぬける
公文国際学園中等部など

利口でものわかりがよいこと。

参考 「目《め》から鼻《はな》にぬける」とも言う。

5 耳《みみ》を貸《か》す
巣鴨中など

人の話をしっかり聞くこと。相談にのること。

参考 「耳《みみ》を貸《か》そうとしない」は、「人からの忠告《ちゅうこく》を聞こうとしない」という意味。

用例 「話があるので、耳を貸してほしい。」

入試で差がつくポイント

❶は「粉」を空欄《くうらん》にして答えさせる出題もあるので要注意。

でる度❹

ことわざ・慣用句⑤

次の❶から❺のことわざ・慣用句の意味を、下のⒶからⒺの中から選びなさい。

❶ 面食らう

❷ 念を押す

❸ ふに落ちる

❹ 高をくくる

❺ 木で鼻をくくる

Ⓐ たいしたことはないと軽く見ること。

Ⓑ 納得《なっとく》がいくこと。

Ⓒ もう一度確《たし》かめること。

Ⓓ 思いやりのない態度《たいど》をとること。

Ⓔ 急なことにあわてること。

❹・❺の「くくる」は
どういう意味かな？

1 面《めん》食《く》らう　E

神奈川大学附属中など

とつぜんのことにおどろき、あわてること。

用例　「授業《じゅぎょう》中に急に指名されて面食らった。」

2 念《ねん》を押《お》す　C

大妻中など

間違《まちが》いのないように、もう一度よく確認《かくにん》すること。

用例　「先生から『明日は習字道具を持ってくるように』と念を押された。」

3 ふに落《お》ちる　B

広尾学園中など

よくわかること。納得がいくこと。

参考　「ふ（腑）」は「内臓《ないぞう》」のこと。「心」を表すこともある。「ふに落ちない」（＝納得がいかない）という形で出題されることが多い。

4 高《たか》をくくる　A

成蹊中など

数や量をいい加減《かげん》に予想して軽く見ること。例：残高《ざんだか》

参考　「高《たか》」は物事の数や量のこと。

5 木《き》で鼻《はな》をくくる　D

高輪中など

冷たくそっけない態度で人と接すること。

用例　「木で鼻をくくるような返事をされて傷《きず》ついた。」

入試で差がつくポイント

「くくる」は「一つにまとめてしばる」という意味だが、5「木で鼻をくくる」は「木で鼻をしばる」のではない。もともとの言い方は「木で鼻をこくる（＝かむ）」で、それがなまって「くくる」となった。木で鼻をかむのは無理があり、不適当《ふてきとう》だというのがもとの意味。

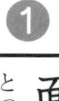

でる度④ ことわざ・慣用句⑥

次の①から⑤のことわざ・慣用句の意味を、下のⒶからⒺの中から選びなさい。

① 犬も歩けば棒に当たる

② 急いては事を仕損じる

③ 虎の威を借る狐

④ 果報は寝て待て

⑤ 下手の横好き

Ⓐ 自分は弱いのに強者にたよっていばる人のこと。

Ⓑ 落ち着いて行動する方がうまくいくこと。

Ⓒ 得意でないのに夢中《むちゅう》になること。

Ⓓ 幸運を信じて気長に待とうということ。

Ⓔ 余計なことをすると災難《さいなん》にあうこと。

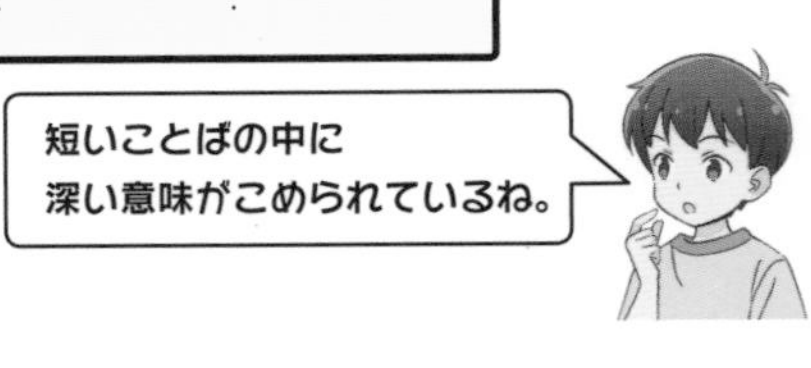
短いことばの中に
深い意味がこめられているね。

1

犬《いぬ》も歩《ある》けば棒《ぼう》に当《あ》たる

E 芝中など

余計なことをすると災難にあうというたとえ。

参考 「思いがけず幸運にあう」という意味で使われることもある。

2

急《せ》いては事《こと》を仕損《しそん》じる

B 明治大学付属中野中など

急ぐと失敗することが多いので、落ち着いて取り組むべきだといういましめ。

参考 「仕損じる」は「失敗する」という意味。

類語 急《いそ》がば回《まわ》れ (⬇P38)

3

虎《とら》の威《い》を借《か》る狐《きつね》

A 早稲田実業学校中等部など

自分は力がないのに、強い人の力を借りていばる人のこと。

注意 「借りる」ではなく「借る」と覚える。

4

果《か》報《ほう》は寝《ね》て待《ま》て

D 雙葉中など

やるべきことをしたあとは、よい知らせを信じて気長に待つしかないということ。

参考 「果報」は「よい知らせ」のこと。

類語 待《ま》てば海路《かいろ》の日和《ひより》あり (⬇P70)

5

下《へ》手《た》の横《よこ》好《ず》き

C 普連土学園中など

下手なくせに好きで熱心なこと。

用例 「下手の横好きと言われるけれど、漫画《まんが》をかくのが好きだ。」

入試で差がつくポイント

❸「借りる」も「借る」も同じ意味で、「借る」は昔に使われていたことば。

でる度❹

ことわざ・慣用句⑦

次の❶から❺の□に入るものを下から選び、ことわざ・慣用句を完成させなさい。

❶ 姉に自作の絵を見せたら□で笑われた。

❷ 妹の生意気な態度《たいど》は□に余る。

❸ 難《むずか》しい問題に□をかかえる。

❹ 夏休みを□を長くして待つ。

❺ はずかしくて□から火が出る。

顔　目　首　頭　鼻

慣用句を使えると作文を書く力もアップするよ。

1 鼻《はな》で笑《わら》う
世田谷学園中など

鼻先で「ふんっ」と笑うこと。

参考 相手を見下す様子を表す。

2 目《め》に余《あま》る
中央大学附属横浜中など

見過《す》ごすことができないほどひどいこと。

注意 「一度に見渡《わた》せないほど数が多い」という意味もある。。

3 頭《あたま》をかかえる
慶應義塾湘南藤沢中等部など

困《こま》ってなやむこと。

類語 頭《あたま》を痛《いた》める
頭《あたま》をなやます

4 首《くび》を長《なが》くする
暁星中など

早く来ないかと楽しみに待つこと。

参考 のび上がって遠くをながめる様子を表す。

5 顔《かお》から火《ひ》が出《で》る
洗足学園中など

とてもはずかしいこと。

参考 「顔から火の出る」という言い方もある。

入試で差がつくポイント
❺は「顔が真っ赤になる様子」を「火」にたとえている。はずかしいと感じて顔を赤らめることを「赤面する」とも言う。

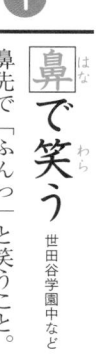

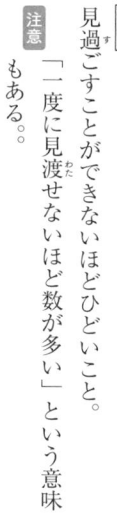

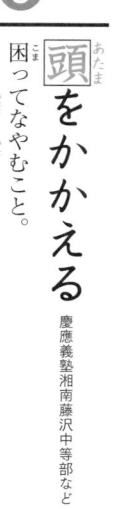

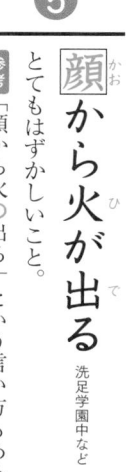

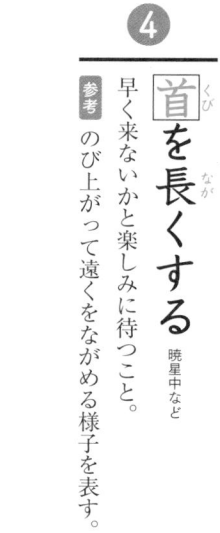

でる度④

ことわざ・慣用句⑧

次の❶から❺の
ことわざ・慣用句の意味を、
下のⒶからⒺの中から選びなさい。

❶ すずめ百まで おどり忘れず

❷ 猫の手も借りたい

❸ 医者の不養生

❹ 情けは人のためならず

❺ 鬼の目にも涙

Ⓐ よい行いをすると、自分によいことが返ってくること。

Ⓑ とてもいそがしいこと。

Ⓒ 若いときの習慣《しゅうかん》はずっとやめられないこと。

Ⓓ どんなに冷たい人でも、ときには思いやりが深くなること。

Ⓔ わかっていてもなかなか実行できないこと。

❹は、意味を間違《まちが》えやすいから
気をつけよう。

①

すずめ百《ひゃく》までおどり忘《わす》れず

C 頌栄女子学院中など

若いときに身についてしまった習慣は、年をとってもやめられないというたとえ。

類語 三《み》つ子《ご》の魂《たましい》百《ひゃく》まで （➡P46）

②

猫《ねこ》の手《て》も借《か》りたい

B 攻玉社中など

だれでもいいから手伝ってほしいくらいにいそがしいこと。

用例 「宿題をするのにいそがしくて、猫の手も借りたいほどだ。」

③

医《い》者《しゃ》の不《ふ》養《よう》生《じょう》

E 雙葉中など

理屈《りくつ》はわかっていても実行するのは難《むずか》しいこと。

語源 人の病気を治す医者が、自分の体を大事にしないことがあるというたとえから。

類語 紺屋《こうや》の白《しろ》ばかま （➡P110）

④

情《なさ》け は人《ひと》のためならず

A 巣鴨中など

人に親切にすると、めぐりめぐって自分も人から親切にされるということ。

参考 「（人に）情け（をかけるの）は人のためではない（結局は自分のためになる）」と覚えよう。

⑤

鬼《おに》の目《め》にも涙《なみだ》

D 女子学院中など

心が冷たそうに見える人でも、ときには感動や同情《どうじょう》で涙をうかべることもあるということ。

用例 「厳《きび》しかったあの先生が卒業式で泣くとは、鬼の目にも涙だね。」

入試で差がつくポイント

❹「情けは人のためならず」を「人に情けをかけると、かえってその人のためにならない」と解《かい》するのは誤《あやま》り。

でる度④

ことわざ・慣用句⑨

次の❶から❺のことわざ・慣用句の意味を、下のⒶからⒺの中から選びなさい。

❶ 猫をかぶる

❷ 手塩にかける

❸ 目を細める

❹ 肩をすくめる

❺ 油を売る

Ⓐ おとなしそうなふりをすること。

Ⓑ 仕事をなまけること。

Ⓒ 大事に育て上げること。

Ⓓ うれしそうな顔をすること。

Ⓔ 仕方がないと思うこと。

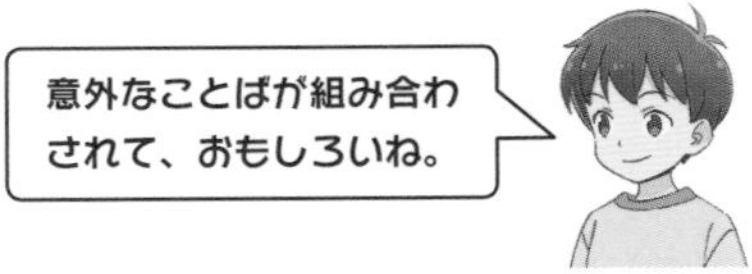
意外なことばが組み合わされて、おもしろいね。

1 猫《ねこ》をかぶる A
明治大学付属中野中など

用例

本来の性格《せいかく》をかくして、おとなしそうにすること。

「あの子は、好きな人の前では猫をかぶるらしい。」

2 手《て》塩《しお》にかける C
早稲田実業学校中等部など

自分でめんどうを見て大切に育て上げること。

参考

「手塩」は、自分の好みで味つけするために手もとに用意する塩のこと。

用例

「手塩にかけて育てた選手たちが、試合で活躍《かつやく》してうれしい。」

3 目《め》を細《ほそ》める D
横浜共立学園中など

うれしくてほほえむ顔つきのこと。

参考

「目《め》を細《ほそ》くする」とも言う。

4 肩《かた》をすくめる E
武蔵中など

両肩を縮《ちぢ》ませること。思い通りにいかないが、仕方がないというあきらめの気持ちを表す。

用例

「母に言い負かされた父が肩をすくめた。」

5 油《あぶら》を売《う》る B
慶應義塾中等部など

仕事中にむだ話をしてなまけること。

語源

昔《むかし》はいろいろな物をはかり売りしていたが、なかでも油をはかるのに時間がかかったことが由来。

入試で差がつくポイント

❸「目を細める」を「不快《ふかい》な気持ち」を表すという意味に解《かい》するのは誤《あやま》り。

でる度❹

ことわざ・慣用句⑩

次の❶から❺のことわざ・慣用句の意味を、下のⒶからⒺの中から選びなさい。

❶ 言わぬが花

❷ きじも鳴かずばうたれまい

❸ 身から出たさび

❹ 背に腹はかえられぬ

❺ ひょうたんから駒

Ⓐ 思いがけないことが起こること。

Ⓑ 余計なことをしなければ災難《さいなん》にもあわないということ。

Ⓒ 大事なことのために、他の損得《そんとく》には目をつぶること。

Ⓓ 自分のせいで困《こま》った目にあうこと。

Ⓔ だまっている方が値打ちがあるということ。

1

言《い》わぬが花《はな》

E 城北中など

はっきりと言わない方が味わいがあること。

注意 「余計なことは言わない方がよい」という意味もある。

2

きじも鳴《な》かずば うたれまい

B 東京都市大学付属中など

余計なことをしなければ災《わざわ》いをまねかずに済《す》むということ。

語源 きじが鳴かなければ居所《いどころ》を知られず、うたれなくて済んだのにというたとえから。

類語 犬《いぬ》も歩《ある》けば棒《ぼう》に当《あ》たる (➡P56)

3

身《み》から出《で》たさび

D 浦和明の星女子中など

自分がした悪い行いのために自分が苦しむこと。

用例 「お菓子《かし》を独《ひと》りじめしておなかをこわすなんて、身から出たさびだね。」

4

背《せ》に腹《はら》は かえられぬ

C 栄東中など

大事な物を守るために、他をぎせいにするのは仕方がないということ。

語源 背中よりも腹が大事だという考えから。

5

ひょうたんから 駒《こま》

A 日本大学豊山女子中など

思いがけないことが実際《じっさい》に起こること。

参考 「駒」は「馬」のこと。
「ひょうたんから駒《こま》が出《で》る」とも言う。

入試で差がつくポイント

❷「鳴かずば」は「鳴かなければ」、❹「かえられぬ」は「かえられない」という意味。

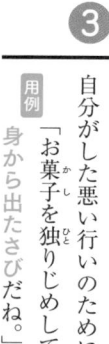

でる度③

ことわざ・慣用句①

次の❶から❺の
□に入るものを下から選び、
ことわざ・慣用句を完成させなさい。

❶ □人寄れば文殊の知恵

❷ 一を聞いて□を知る

❸ 七転び□起き

❹ □里の道も一歩から

❺ □階から目薬

二　八　十　三　千

漢数字を使った
言いまわしが多いね。

1

三《さん》人《にん》寄《よ》れば文《もん》殊《じゅ》の知《ち》恵《え》

早稲田実業学校中等部など

一人では解決《かいけつ》できない問題でも、三人の知恵を集めればよい方法が見つかるというたとえ。

参考 「文殊」は仏教《ぶっきょう》の文殊菩薩《ぼさつ》のことで「知恵をつかさどる」菩薩のこと。

2

一《いち》を聞《き》いて十《じゅう》を知《し》る

聖光学院中など

物わかりが早いというたとえ。

語源 物事の一部を聞いただけで、十（＝全体）を見通せるということから。

3

七《なな》転《ころ》び八《や》起《お》き

東洋英和女学院中学部など

何回失敗してもやり直すこと。

類語 七転八起《しちてんはっき》

注意 四字熟語「七転八倒《しちてんばっとう》」（➡P12）との違《ちが》いに注意。

4

千《せん》里《り》の道《みち》も一《いっ》歩《ぽ》から

灘中など

どんな大仕事も小さなことから始まるということ。

参考 「千里《せんり》の道《みち》も一歩《いっぽ》より始《はじ》まる」とも言う。

用例 「千里の道も一歩からというように、試験に向けて少しずつ勉強をしていこう。」

5

二《に》階《かい》から目《め》薬《ぐすり》

神奈川大学附属中など

回りくどくて、なかなかうまくいかないこと。

語源 二階から目薬をさそうとしても、遠すぎてうまくいかないことから。

類語 天井《てんじょう》から目薬《めぐすり》

入試で差がつくポイント

漢数字をテーマにした出題は四字熟語にも多い。P128の実践問題に挑戦《ちょうせん》してみよう。

でる度③ ことわざ・慣用句②

次の❶から❺のことわざ・慣用句の意味を、下のⒶからⒺの中から選びなさい。

❶ 水に流す

❷ 板につく

❸ 頭角を現す

❹ 肩を落とす

❺ かたずをのむ

Ⓐ 能力《のうりょく》を発揮《はっき》して目立つようになること。

Ⓑ きれいさっぱり忘《わす》れること。

Ⓒ がっかりすること。

Ⓓ なりゆきをじっと見守ること。

Ⓔ 役割《やくわり》が身についていること。

慣用句を知ると
ことばの世界が
広がるね。

1 水《みず》に流《なが》す B
灘中など

もめごとやうらみなどを忘れて、今後は気にしないようにすること。

用例 「今までのことは水に流して、これからはおたがいに協力し合おう。」

2 板《いた》につく E
東京都市大学付属中など

仕事や役割がすっかり身についていること。

参考 「板」は「芝居《しばい》の舞台《ぶたい》」のこと。

3 頭角《とうかく》を現《あらわ》す A
東京農業大学第一高等学校中等部など

すぐれた能力を示して、目立つようになること。

注意 「頭角を表す」と書くのは誤《あやま》り。

4 肩《かた》を落《お》とす C
立教新座中など

心の底からがっかりすること。

参考 肩の力がぬけている様子を表す。

5 かたずをのむ D
市川中など

どうなることかと心配しながら見守ること。

参考 「かたず」は、きんちょうしたときに口の中に出るつばのこと。

用例 「リーグ優勝《ゆうしょう》がかかった試合を、かたずをのみながら観戦した。」

入試で差がつくポイント

2は「板」（＝舞台）に立つ役者は立ち居《い》ふるまいが身についていることが由来《ゆらい》。

でる度③

ことわざ・慣用句③

次の❶から❺の□に入るものを下から選び、ことわざ・慣用句を完成させなさい。

❶ 待てば□の日和あり

❷ うそも□

❸ 渡る□に鬼はなし

❹ 好きこそものの□なれ

❺ 住めば□

上手　方便　海路　都　世間

❹のように、
勉強も好きになれば
うまくいくよ！

1 待《ま》てば海路《かいろ》の日和《ひより》あり

三田国際学園中など

時勢《じせい》が悪くても、じっと待っていればいつかはよい機会がめぐってくるということ。

語源　悪天候のとき、海の上の船が天候の回復《かいふく》を待つしかなく、いつかは晴れることから。

類語　果報《かほう》は寝《ね》て待《ま》て（➡P56）

2 うそも方便《ほうべん》

桜美林中など

物事をうまく進めるために、うそをつかなければならないときもあるということ。

参考　「方便」は「教え導《みちび》く手段《しゅだん》」という意味。

3 渡《わた》る世間《せけん》に鬼《おに》はなし

立教池袋中など

世の中には悪い人ばかりでなく、親切な人も必ずいるというたとえ。

参考　世の中で生きることを「世間を渡る」と言う。

4 好《す》きこそものの上手《じょうず》なれ

青山学院中等部など

好きなことには熱心に取り組むので、上手になるものだということ。

注意　「下手《へた》の横好《よこず》き」（➡P56）との違《ちが》いに注意。

5 住《す》めば都《みやこ》

國學院大學久我山中など

どんなところでも、住み慣《な》れればそこが一番住みやすい場所になるということ。

注意　「都に住むのがよい」という意味ではない。

入試で差がつくポイント

1は「回路」としてしまうミスも多い。音のみならず、正しく書けるようにしておくことが重要。

でる度③

ことわざ・慣用句④

次の❶から❺の
□に入るものを下から選び、
ことわざ・慣用句を完成させなさい。

❶ 出る□は打たれる

❷ 蛙の面に□

❸ 木に□をつぐ

❹ 手に□をにぎる

❺ 足が□になる

汗　棒　杭　水　竹

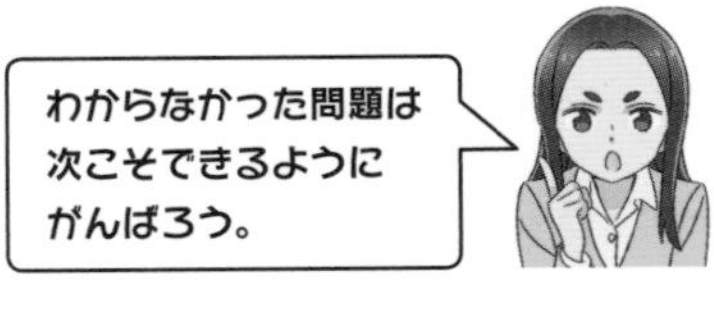
わからなかった問題は
次こそできるように
がんばろう。

1 出《で》る杭《くい》は打《う》たれる

暁星中など

飛びぬけてすぐれている人や出しゃばる人は、人から非難《ひなん》されやすいということ。

参考 「杭」は「地面に打ちこむ棒《ぼう》」のこと。

2 蛙《かえる》の面《つら》に水《みず》

栄東中など

だいたんでずうずうしい態度《たいど》をとること。

語源 蛙は顔に水をかけても平気でいることから。

3 木《き》に竹《たけ》をつぐ

星野学園中など

二つのもののつり合いがとれなくて、ちぐはぐなこと。

語源 木と竹はどちらも植物だが、性質《せいしつ》はまったく異《こと》なることから。

4 手《て》に汗《あせ》をにぎる

攻玉社中など

なりゆきを、きんちょうして見守ること。

用例 「勝負のゆくすえを手に汗をにぎって見守る。」

5 足《あし》が棒《ぼう》になる

広尾学園中など

長い間歩き続けて足がつかれること。

用例 「山道を足が棒になるまで歩き続けた。」

入試で差がつくポイント

❷「蛙の面に水」は「蛙」「面」「水」のいずれも空欄《くうらん》になる可能性《かのうせい》があるからしっかり覚えよう。

でる度③

ことわざ・慣用句⑤

次の❶から❺のことわざ・慣用句の意味を、下のⒶからⒺの中から選びなさい。

❶ 目をかける

❷ 目をうばう

❸ 目が高い

❹ 目をこらす

❺ 目がない

Ⓐ 注目を集めること。

Ⓑ 物の価値《かち》を見ぬく力があること。

Ⓒ めんどうを見ること。

Ⓓ じっと見つめること。

Ⓔ とても好きなこと。

「目」を使った慣用句を集めたよ。

1 目《め》をかける C

渋谷教育学園幕張中など

とくに注意してめんどうを見ること。

用例 「三人兄弟の中で、父は妹にとくに目をかけている。」

2 目《め》をうばう A

公文国際学園中等部など

目がはなせなくなるほど心をひかれること。

参考 「目をうばわれる」という受け身の言い方で使われることが多い。

用例 「はなやかな衣装《いしょう》に目をうばわれる。」

3 目《め》が高《たか》い B

桜美林中など

よいものを見分ける力がすぐれていること。

用例 「この絵を選ぶとは、目が高いね。」

4 目《め》をこらす D

フェリス女学院中など

注意してよく見ること。

参考 「こらす」は一つのところに集めるという意味。

用例 「遠くで何か動いたので、目をこらして様子をうかがった。」

5 目《め》がない E

神奈川学園中など

夢中《むちゅう》になるほど大好きなこと。

注意 「物事を正しく見分ける力がない」という意味もある。

入試で差がつくポイント

「目」がつく慣用句は本書にたくさんあるので、「さくいん」（➡P156）を使って総チェックしよう。

でる度③

ことわざ・慣用句⑥

次の❶から❺のことわざ・慣用句の意味を、下のⒶからⒺの中から選びなさい。

❶ 提灯に釣り鐘

❷ 木を見て森を見ず

❸ 郷に入っては郷に従え

❹ ぶたに真珠

❺ 灯台下暗し

Ⓐ 全体が見えていないこと。

Ⓑ 価値《かち》が高いものを与《あた》えてもむだなこと。

Ⓒ 自分が住む地域《ちいき》のやり方に合わせること。

Ⓓ 身近なことはかえって気づきにくいこと。

Ⓔ 二つの物がつり合わないこと。

ことわざは
ものの見方・考え方を
教えてくれるね。

① 提灯《ちょうちん》に釣《つ》り鐘《がね》

Ⓔ かえつ有明中など

提灯と釣り鐘の重さがまったく違《ちが》うように、差がありすぎてつり合わないこと。

類語 月《つき》とすっぽん （➡P84）

② 木《き》を見《み》て森《もり》を見《み》ず

Ⓐ 慶應義塾中等部など

一部分にこだわって、全体を見失うこと。

語源 一本一本の木ばかりを見て、森全体を見ないことから。

③ 郷《ごう》に入《い》っては郷《ごう》に従《したが》え

Ⓒ 共立女子中など

土地によって習慣《しゅうかん》は異《こと》なるが、自分が住む地域のやり方に合わせて暮《く》らすのがよいということ。

参考 「郷」はいくつかの村を合わせたひとまとまり。

④ ぶたに真珠《しんじゅ》

Ⓑ 東京農業大学第一高等学校中等部など

価値がわからない人に、高価な物をあげてもむだなこと。

類語 馬《うま》の耳《みみ》に念仏《ねんぶつ》 （➡P26）、猫《ねこ》に小判《こばん》 （➡P30）

⑤ 灯台下暗《とうだいもとくら》し

Ⓓ 逗子開成中など

近くにある物事はかえってわかりにくく、気づかないということ。

語源 室内を照らす灯明台《とうみょうだい》の真下（＝もと）は光が届《とど》きにくく、暗いことから。

用例 「家の近くに、広くて静かな公園があったがずっと気がつかなかった。灯台下暗しとはまさにこのことだ。」

入試で差がつくポイント

勉強も「木を見て森を見ず」にならないよう、全体を見通した計画が大事。

でる度③

ことわざ・慣用句⑦

次の❶から❺の
ことわざ・慣用句の意味を、
下のⒶからⒺの中から選びなさい。

❶ さじを投げる

❷ ばつが悪い

❸ 首をすくめる

❹ たなに上げる

❺ 手をこまねく

Ⓐ 何もしないで、ただ見ていること。

Ⓑ びくびくして身を縮《ちぢ》めること。

Ⓒ はずかしいこと。

Ⓓ ほうっておくこと。

Ⓔ あきらめること。

❺は、意味を間違《まちが》えやすいから気をつけてね。

1 さじを投《な》げる　E

中央大学附属中など

見こみがなくてあきらめること。

語源　医者が病人の回復《かいふく》をあきらめることを、薬を調合するさじを投げ捨《す》てる様子で表している。

2 ばつが悪《わる》い　C

東邦大学付属東邦中など

はずかしくて居心地《いごこち》が悪いこと。

類語　きまりが悪《わる》い（➡P106）

（➡P106）

注意　「ばつ」の語源は不明だが、「場都合《ばつごう》」の省略《しょうりゃく》形という説がある。「罰」と書くのは誤《あやま》り。

3 首《くび》をすくめる　B

暁星中など

不安なときに首を縮めて体を小さくすること。

用例　「こっそりお菓子《かし》を食べようとしたら母に見つかりそうになり、思わず首をすくめた。」

4 たなに上《あ》げる　D

栄東中など

わざと知らないふりをして、ほうっておくこと。

用例　「自分の失敗をたなに上げるのはよくないよ。」

5 手《て》をこまねく　A

灘中など

何かしなければいけないのに、手を出さずにただ見ていること。

参考　「手《て》をこまぬく」とも言う。手を胸《むね》の前で組み合わせる様子を表す。

用例　「手をこまねいているうちに、タイミングを逃した。」

入試で差がつくポイント

5 「手をこまねく」は「準備《じゅんび》して待ちかまえる」（＝手ぐすねひく）という意味に間違えやすいので要注意。

でる度③

ことわざ・慣用句⑧

次の❶から❺の□に入るものを下から選び、ことわざ・慣用句を完成させなさい。

❶ 反論《はんろん》したが□であしらわれた。

❷ 約束をやぶられて□が立った。

❸ □で風を切って歩く弟を見かけた。

❹ あまりの痛《いた》さに□をしかめた。

❺ 妹の言いわけを聞いて□をひねった。

顔　肩　首　鼻　腹

体をフル活用して考えてね。

❶ 鼻《はな》であしらう

東洋英和女学院中学部など

相手を見くびって、本気で相手にしないこと。

参考 「あしらう」のもとの意味は「応対する」。

❷ 腹《はら》が立《た》つ

城北中など

いかりをおさえきれないこと。

参考 「腹《はら》を立《た》てる」という使い方もある。

❸ 肩《かた》で風《かぜ》を切《き》る

洗足学園中など

得意そうに歩くこと。

参考 肩をそびやかす（＝高くする）様子を表す。

❹ 顔《かお》をしかめる

公文国際学園中等部など

顔にしわを寄《よ》せて、痛みや不快《ふかい》感を表すこと。

参考 「しかめる」は、しわを寄せる様子を表す。

類語 まゆをひそめる （➡P28）

❺ 首《くび》をひねる

駒場東邦中など

何か変だと疑問《ぎもん》を感じること。

類語 首《くび》をかしげる （➡P52）

入試で差がつくポイント

❺「首をひねる」は「じっくりと考える」という意味もある。その場合は「頭《あたま》をひねる」と同じ意味。

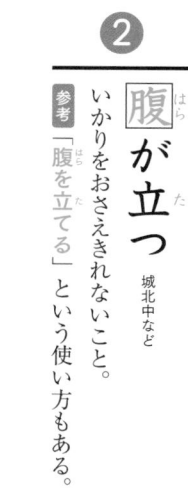

ことわざ・慣用句 ⑨

でる度③

次の1から5のことわざ・慣用句の意味を、下のⒶからⒺの中から選びなさい。

1 あっけにとられる

2 鼻につく

3 耳が痛い

4 足を洗う

5 かぶりをふる

Ⓐ 違《ちが》うという気持ちを表すこと。

Ⓑ 聞くのがつらいこと。

Ⓒ 悪い行いをやめること。

Ⓓ おどろいてぼんやりすること。

Ⓔ いやみに感じること。

体に関係する慣用句は、いろいろな気持ちを表すね。

1 あっけにとられる D

聖光学院中など

あまりにおどろきあきれて、ぼんやりすること。

用例 「飛び出してきた猫《ねこ》に魚をうばわれて、あっけにとられた。」

2 鼻《はな》につく E

学習院女子中等科など

いやみに感じること。

注意 「同じものが続いてあきあきする」という意味もある。

用例 「彼《かれ》の言い方は鼻についた。」

3 耳《みみ》が痛《いた》い B

大妻中野中など

聞くのがつらいこと。

参考 欠点を言われたり弱みをつかれたりしたときに使う。

4 足《あし》を洗《あら》う C

洗足学園中など

よくない仕事や生活習慣《しゅうかん》からぬけだすこと。

用例 「だらしない生活から足を洗う。」

5 かぶりをふる A

浦和明の星女子中など

頭を左右にふって、否定《ひてい》の気持ちを表すこと。

参考 「かぶり」は「頭」の昔《むかし》の言い方。

反対語 首《くび》をたてにふる

「宿題は終わった?」って何度もきかれると、耳が痛いね。

入試で差がつくポイント

❶ 「あっけ」を使ったことばは、ほかに「あっけない」(=期待外れでもの足りない)などもある。

でる度③

ことわざ・慣用句⑩

次の❶から❺の□に入るものを下から選び、ことわざ・慣用句を完成させなさい。

❶ 飼い□に手をかまれる

❷ □につままれる

❸ □の甲より年の功

❹ 月と□

❺ □の子は□

すっぽん　犬　亀　蛙　狐

❺の二つの□には
同じものが入るよ。

① 飼《か》い犬《いぬ》に手《て》をかまれる
慶應義塾中等部など

めんどうをみてきた者にそむかれて、ひどい目にあうこと。

注意 部下や後輩《こうはい》に裏切《うらぎ》られたときなどに使う。

② 狐《きつね》につままれる
明治大学付属中野中など

わけがわからない目にあってぼんやりすること。

参考 狐は昔から人を化《ば》かすと言われている。

③ 亀《かめ》の甲《こう》より年《とし》の功《こう》
昭和女子大学附属昭和中など

長年の経験《けいけん》は尊《とうと》いものだということ。

参考 「亀の甲」は「亀の甲羅《こうら》」のこと。

④ 月《つき》とすっぽん
富士見中など

月とすっぽんはどちらも丸いが、まったく違《ちが》う物であるように、違いがとても大きいこと。

参考 「すっぽん」は亀《かめ》の一種。

類語 提灯《ちょうちん》に釣《つ》り鐘《がね》 （⬇P76）

⑤ 蛙《かえる》の子《こ》は蛙《かえる》
立教池袋中など

子どもは親に似《に》るものだということ。

類語 うりのつるになすびはならぬ （⬇P112）

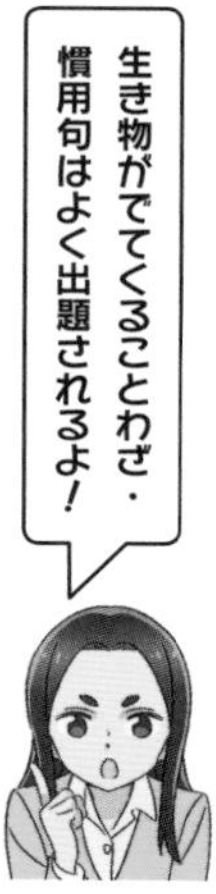
生き物がでてくることわざ・
慣用句はよく出題されるよ！

入試で差がつくポイント

❺「蛙の子は蛙」の反対の意味のことわざは「とびがたかを生《う》む」（⬇P42）。

でる度②

ことわざ・慣用句①

次の❶から❺の
ことわざ・慣用句の意味を、
下のⒶからⒺの中から選びなさい。

❶ 歯が立たない

❷ 目を皿にする

❸ 足を引っ張る

❹ 口火を切る

❺ 手を打つ

Ⓐ よく見ること。

Ⓑ 話をまとめること。

Ⓒ 物事を最初に始めること。

Ⓓ じゃまをすること。

Ⓔ 手ごわくてかなわないこと。

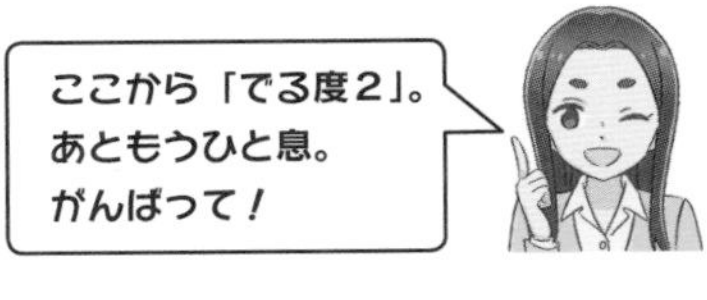
ここから「でる度２」。
あともうひと息。
がんばって！

1 歯《は》が立《た》たない E

公文国際学園中等部など

相手の方が手ごわくて、かなわないこと。

参考 文字通り「かたくてかめない」という意味もある。

用例 「試験の問題が難《むずか》しすぎて、まったく歯が立たない。」

2 目《め》を皿《さら》にする A

普連土学園中など

目を大きく開いてよく見ること。

参考 「目《め》を皿《さら》のようにする」とも言う。

3 足《あし》を引《ひ》っ張《ぱ》る D

洗足学園中など

物事の進行をさまたげること。

用例 「私のミスがみんなの足を引っ張ってしまったことを、申《もう》し訳《わけ》なく思う。」

4 口火《くちび》を切る C

品川女子学院中等部など

物事をはじめに行ってきっかけを作ること。

参考 「口火」は火をたきつけるのに使う小さい火。

5 手《て》を打《う》つ B

学習院中等科など

条件《じょうけん》を出し合い、物事を決めること。

用例 「友達にそうじ当番を代わってくれと言われ、漫画《まんが》を貸《か》してもらうという条件で手を打った。」

入試で差がつくポイント

5 「手を打つ」は「前もって対策《たいさく》する」（＝あとで必要になりそうなことを先にしておく）という意味もある。

でる度❷

ことわざ・慣用句②

次の❶から❺の□に入るものを下から選び、ことわざ・慣用句を完成させなさい。

❶ □を打ったよう

❷ たで食う□も好き好き

❸ □に金棒

❹ □の恥はかき捨て

❺ 竹馬の□

水　旅　虫　友　鬼

❺のことは
大事にしようね！

❶ 水《みず》を打《う》ったよう

洗足学園中など

しーんと静まりかえっている様子。

語源 地面に水を打つ（＝水をまく）とほこりが立たないことから。

❷ たで食《く》う虫《むし》も好《す》き好《ず》き

高輪中など

人にはそれぞれ好みがあるということ。

語源 「たで」という植物は味がからく、どんな虫もきらいそうだが、好んで食べる虫もいることから。

❸ 鬼《おに》に金棒《かなぼう》

東京農業大学第一高等学校中等部など

強いものが、よい条件《じょうけん》を得てさらに強くなること。

語源 ただでさえ強い鬼が、金棒という武器《ぶき》を持つことから。

❹ 旅《たび》の恥《はじ》はかき捨《す》て

灘中など

だれも知り合いがいない旅先では、恥《は》ずかしいことを平気でしてしまうということ。

用例 「旅の恥はかき捨てとばかりに、非常識《ひじょうしき》な行動をする観光客には困《こま》ったものだ。」

❺ 竹馬《ちくば》の友《とも》

攻玉社中など

竹馬《たけうま》にのって遊んでいたくらい小さいころからの友達。幼《おさな》なじみのこと。

注意 「竹馬」は「ちくば」と読む。

入試で差がつくポイント

❸は「金棒」が、❺は「竹馬」が空欄《くうらん》になることもあるから、どちらも要注意。

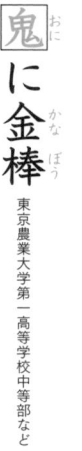

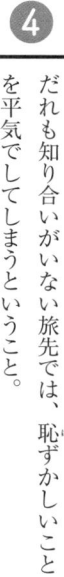

でる度②

ことわざ・慣用句③

次の①から⑤のことわざ・慣用句の意味を、下のⒶからⒺの中から選びなさい。

① 意を決する

② けがの功名

③ あげくの果て

④ やぶから棒

⑤ 花を持たせる

Ⓐ 失敗がよい結果をまねくこと。

Ⓑ 決心すること。

Ⓒ とつぜん物事が起こること。

Ⓓ 結局のところ。

Ⓔ 相手を立てること。相手を引き立てたり、目立たせること。

慣用句は
いろいろな場面で
使えるね。

❶ 意《い》を決《けっ》する　B　豊島岡女子学園中など

思い切って決心すること。かくごを決めること。

類語　心《こころ》を決《き》める

❷ けがの功名《こうみょう》　A　海城中など

失敗が予想外のよい結果につながること。

注意　「功名」は「手柄《てがら》を立てて名をあげる」こと。「巧妙」と書くのは誤《あやま》り。

❸ あげくの果《は》て　D　芝中など

ついに。結局のところ。

参考　「あげく」は「連歌《れんが》」（＝俳句《はいく》を大勢《おおぜい》で続けて詠《よ》む文芸）の最後の句のこと。「挙げ句」や「揚げ句」と書くこともある。

❹ やぶから棒《ぼう》　C　鎌倉女学院中など

やぶの中から急に棒がつき出るように、急に物事が起こること。

類語　寝耳《ねみみ》に水《みず》 （➡P28）

❺ 花《はな》を持《も》たせる　E　慶應義塾中等部など

一歩ゆずって、相手を引き立たせること。

用例　「勝負は引き分けだと思ったけれど、妹に花を持たせることにした。」

入試で差がつくポイント

入試で知らない慣用句が出てきてもあわてずに、ことばの意味をよく考えて答えを導《みちび》こう。

でる度②

ことわざ・慣用句④

次の❶から❺の□に入るものを下から選び、ことわざ・慣用句を完成させなさい。

❶ ミスに気づいて□打ちする。

❷ □をくいしばってがまんする。

❸ 百点をとったので□を張って帰る。

❹ 不満に思って□をとがらせる。

❺ □を光らせて犯人《はんにん》をさがす。

目　舌　口　歯　胸

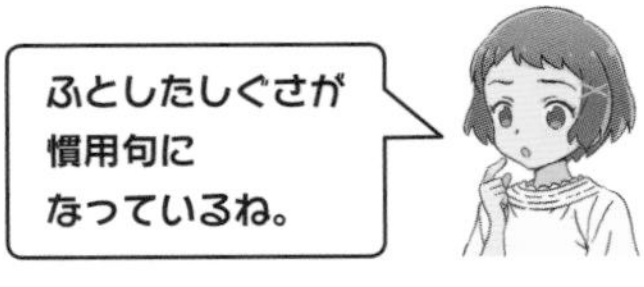
ふとしたしぐさが
慣用句に
なっているね。

① 舌《した》打《う》ちする
獨協埼玉中など

舌先で「チッ」と音を立てることで、くやしい気持ちやがっかりした気持ちを表す。

② 歯《は》をくいしばる
東京都市大学付属中など

歯を強くかみしめることで、痛《いた》みやつらさをがまんする様子を表す。

③ 胸《むね》を張《は》る
武蔵中など

胸を前につき出すことで、ほこらしい気持ちや堂々とした態度《たいど》を表す。

④ 口《くち》をとがらせる
暁星中など

くちびるをつき出して、不満の気持ちを表す。

参考 「口《くち》をとがらす」とも言う。

⑤ 目《め》を光《ひか》らせる
慶應義塾中等部など

見落とさないように注意してよく見ること。

参考 「目《め》を光《ひか》らす」とも言う。

テストで問題を一通《と》り解き終わったら、
書き間違《まちが》いなどのミスがないか、
目を光らせて確認《かくにん》しようね。

入試で差がつくポイント

物語文では、登場人物の気持ちを表すときに体の一部を使った慣用句が使われることが多い。

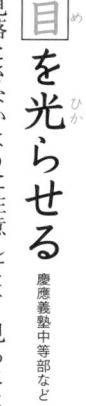

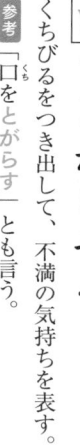

でる度②

ことわざ・慣用句⑤

次の❶から❺のことわざ・慣用句の意味を、下のⒶからⒺの中から選びなさい。

❶ しり馬に乗る

❷ 善は急げ

❸ 花より団子

❹ うわの空

❺ うのみ

Ⓐ 見た目より実際《じっさい》に役立つものを選ぶこと。

Ⓑ 人のあとについて行動すること。

Ⓒ その通りだと思いこむこと。

Ⓓ 心がうわついている様子。

Ⓔ よいことはすぐに実行すべきだということ。

何事も「うのみ」にしないでしっかり学ぼうね。

1

しり馬《うま》に乗《の》る B

灘中など

深く考えずに人のあとについて行動すること。

参考 「しり馬」は他の人が乗っている馬の尻《しり》の部分。何頭もいるなかの後ろにいる馬という意味もある。

2

善《ぜん》は急《いそ》げ E

普連土学園中など

よいと思ったことは、ためらわずに実行した方がよいというたとえ。

参考 「急《いそ》がば回《まわ》れ」(⬇P38)、「急《せ》いては事《こと》を仕損《しそん》じる」(⬇P56)とは反対の意味。

3

花《はな》より団子《だんご》 A

共立女子中など

見た目の美しさよりも、食べ物など実際に役立つものの方がよいということ。

語源 花見より団子を食べることに夢中《むちゅう》な人をからかったことば。

4

うわの空《そら》 D

攻玉社中など

他のことに気をとられて集中していない様子。

参考 漢字では「上《うわ》の空」と書く。

5

うのみ C

雙葉中など

人の言うことに疑問《ぎもん》を持たずに、そのまま受け入れること。

語源 「鵜《う》」という鳥が食べ物を丸のみする習性《しゅうせい》があることから。

入試で差がつくポイント

②のように、まったく反対の意味合いを持つことわざがある場合は、同時に覚えてしまおう。

でる度②

ことわざ・慣用句⑥

次の❶から❺のことわざ・慣用句の意味を、下のⒶからⒺの中から選びなさい。

❶ 光陰矢のごとし

❷ 帯に短したすきに長し

❸ 人のふり見てわがふり直せ

❹ 飛んで火に入る夏の虫

❺ 船頭多くして船山に登る

Ⓐ 月日のたつのがとてもはやいこと。

Ⓑ 危《あぶ》ない目にすすんであうこと。

Ⓒ 他人の行いを参考に、自分の行いを正すこと。

Ⓓ 意見がまとまらずに失敗すること。

Ⓔ ちゅうとはんぱなこと。

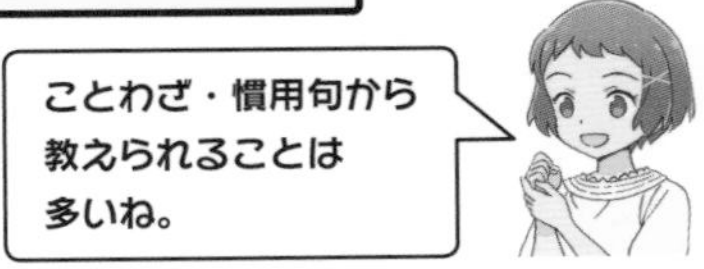
ことわざ・慣用句から
教えられることは
多いね。

1

光《こう》陰《いん》矢《や》のごとし

A 高輪中など

参考 月日のたつのは矢が飛ぶようにはやいということ。「光」は日、「陰」は月を表す。「光陰」は「月日」のこと。

2

帯《おび》に短《みじか》したすきに長《なが》し

E 渋谷教育学園幕張中など

語源 ちゅうとはんぱで、何の役にも立たないこと。帯にするには短すぎて、たすきにするには長すぎる布のことから。

3

人《ひと》のふり見《み》てわがふり直《なお》せ

C 桜美林中など

他人の悪い行いに気づいたら、自分自身は同じ行いをしないように気をつけるとよいということ。

参考 「ふり」は、「ふるまい（＝行い）」のこと。

4

飛《と》んで火《ひ》に入《い》る夏《なつ》の虫《むし》

B 暁星中など

自分から危険《きけん》な場所に近づいて災難《さいなん》にあうこと。

語源 虫が明かりにさそわれて火に近づき、焼け死んでしまうことから。

5

船《せん》頭《どう》多《おお》くして船《ふね》山《やま》に登《のぼ》る

D 巣鴨中など

指図《さしず》する人が多いと、とんでもないことが起こるということ。

参考 「船頭」は船をこいで行き先を決める人。

入試で差がつくポイント

5は、船頭が何人もいて意見がまとまらないと、船が思わぬ方向へ行ってしまうことを指している。

でる度②

ことわざ・慣用句⑦

次の❶から❺の
ことわざ・慣用句の意味を、
下のⒶからⒺの中から選びなさい。

❶ 足もとを見る

❷ 耳を疑う

❸ くちびるをかむ

❹ 顔にどろをぬる

❺ 頭が上がらない

Ⓐ くやしさをがまんすること。

Ⓑ 聞き違《ちが》いかと思うこと。

Ⓒ 相手と対等な関係になれないこと。

Ⓓ 相手に恥《はじ》をかかせてしまうこと。

Ⓔ 相手の弱みにつけこむこと。

つかれたら
ちょっと休憩《きゅうけい》して
もうひとがんばり。

❶ 足《あし》もとを見《み》る　E

東京農業大学第一高等学校中等部など

相手の弱みを利用して、自分が得をするように取り計《はか》らうこと。

用例　「人の足もとを見る人とは商売したくない。」

❷ 耳《みみ》を疑《うたが》う　B

頌栄女子学院中など

信じられないことを聞いておどろくこと。

参考　見ておどろいたときは「目《め》を疑《うたが》う」（➡P124）と言う。

❸ くちびるをかむ　A

本郷中など

何か言いたいのをこらえているしぐさで、くやしさをがまんする様子を表す。

参考　「くちびるをかみしめる」とも言う。

❹ 顔《かお》にどろをぬる　D

聖望学園中など

相手の名誉《めいよ》を傷《きず》つけたり、恥をかかせたりすること。

用例　「授業参観《じゅぎょうさんかん》で大失敗して、親の顔にどろをぬってしまった。」

❺ 頭《あたま》が上《あ》がらない　C

武蔵中など

相手に対して引け目や恩《おん》を感じているために、強い態度《たいど》をとれないこと。

用例　「赤ちゃんのときにおむつをかえてくれた母には頭が上がらない。」

入試で差がつくポイント

❶❹❺の慣用句は、相手があって、お互いの関係性を表す内容になっている。

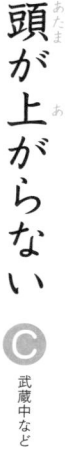

ことわざ・慣用句⑧

でる度②

次の❶から❺の□に入るものを下から選び、ことわざ・慣用句を完成させなさい。

❶ 的を□

❷ 白羽の矢が□

❸ あいづちを□

❹ 骨が□

❺ 我に□

返る　打つ　立つ　折れる　射る

1 的《まと》を射《い》る

城北中など

語源 要点をよくとらえていること。

矢が的にぴたりと命中する様子から。

注意 「的を得る」は誤《あやま》り。

2 白《しら》羽《は》の矢《や》が立《た》つ

雙葉中など

多くのなかからとくに選ばれること。

用例 「ハリウッド映《えい》画《が》の主役として、あの新人女優《じょゆう》に白羽の矢が立った。」

3 あいづちを打《う》つ

鎌倉学園中など

相手の話に合わせてうなずくこと。

注意 「あいづちを入れる」は誤り。

用例 「あいづちを打ちながら、先生の話をきいた。」

4 骨《ほね》が折《お》れる

東邦大学付属東邦中など

労力をかけて大変な思いをすること。

用例 「これだけの証拠《しょうこ》を集めるのは骨が折れたよ。」

参考 「骨を折る」（＝力をつくす）という言い方もある。

5 我《われ》に返《かえ》る

東京学芸大学附属世田谷中など

何かに夢中《むちゅう》になっている状態《じょうたい》から、はっともとにもどること。

用例 「肩《かた》をたたかれて我に返った。」

入試で差がつくポイント

ふだんから、1や3の注意のような誤った言い方をしてしまわないように気をつけよう。

ことわざ・慣用句⑨

でる度②

次の❶から❺のことわざ・慣用句の意味を、下のⒶからⒺの中から選びなさい。

❶ 口をはさむ

❷ 指をくわえる

❸ 気が気でない

❹ きびすを返す

❺ 目くばせする

Ⓐ ほしくてもどうしようもないこと。

Ⓑ 心配で落ち着かないこと。

Ⓒ もと来た道にもどること。

Ⓓ 割《わ》りこんで話すこと。

Ⓔ 目で合図をすること。

❹「きびす」はふだん使わないことばだけど、意味はわかるかな？

① 口《くち》をはさむ Ⓓ

豊島岡女子学園中など

他の人が話しているところに割りこんで話すこと。

用例 「大人の話に口をはさんでしかられた。」

② 指《ゆび》をくわえる Ⓐ

巣鴨中など

ほしいけれども手に入れることができず、ただ見ていること。

用例 「さいふを忘《わす》れてしまい、人気商品が売り切れるのを指をくわえて見ているしかなかった。」

③ 気《き》が気《き》でない Ⓑ

栄光学園中など

気がかりで、じっとしていられないこと。

用例 「弟が私のケーキを食べてしまうのではないかと気が気でない。」

④ きびすを返《かえ》す Ⓒ

駒場東邦中など

もと来た道を引き返すこと。

参考 「きびす」は「かかと」のこと。

⑤ 目《め》くばせする Ⓔ

本郷中など

目で合図をして何かを知らせること。

参考 「目くばせ」は「目配《めくば》せ」と書く。

入試で差がつくポイント

⑤「目くばせする」は「目くばりする」（＝あちこちに注意を向けること）とは違《ちが》うので注意。

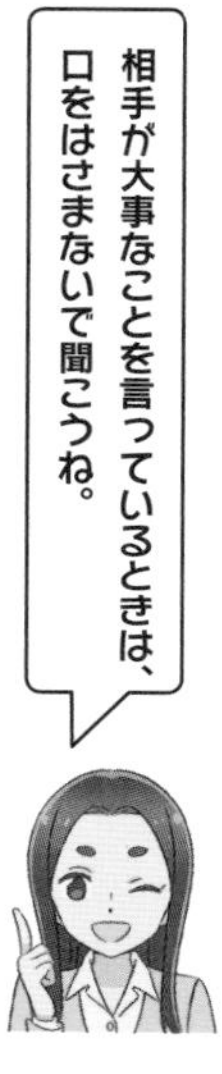

相手が大事なことを言っているときは、口をはさまないで聞こうね。

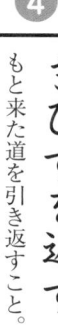

でる度②

ことわざ・慣用句⑩

次の❶から❺の□に入るものを下から選び、ことわざ・慣用句を完成させなさい。

❶ 火に□を注ぐ

❷ かわいい子には□をさせよ

❸ 知らぬが□

❹ 取りつく□もない

❺ 目から□が落ちる

仏	うろこ	油	島	旅

聞き慣れないことわざも
語源を知ると、
まさに❺ね。

1

火《ひ》に油《あぶら》を注《そそ》ぐ

芝中など

勢《いきお》いの強いものに、さらに勢いを加えること。

語源　火に油をかけると、さらに燃《も》え上がることから。

2

かわいい子《こ》には旅《たび》をさせよ

東洋英和女学院中学部など

子どもを大事に思うなら、あまやかすのではなく世の中で苦労させた方がよいということ。

参考　昔《むかし》の旅は、今の観光旅行のように楽しいものではなく苦労が多いものだった。

3

知《し》らぬが仏《ほとけ》

立教池袋中など

知っていれば気になるが、知らなければ平気でいられること。

参考　「知らぬが」は「知らなければ」という意味。

4

取《と》りつく島《しま》もない

湘南学園中など

相手の対応《たいおう》が冷たくて、話を続けるきっかけもつかめないこと。

参考　「取《と》りつく島《しま》がない」とも言う。

5

目《め》からうろこが落《お》ちる

筑波大学附属駒場中など

何かをきっかけに、今までわからなかったことがわかるようになること。

参考　魚のうろこで目をふさがれたようによく見えない状態《じょうたい》から、急に視界《しかい》が開ける様子を表す。

入試で差がつくポイント

4の「島」は、たよりがいがあるものを表す。「取りつくひまもない」と聞き間違《まちが》えやすいので要注意。

でる度❶

ことわざ・慣用句①

次の❶から❺のことわざ・慣用句の意味を、下のⒶからⒺの中から選びなさい。

❶ らちが明かない

❷ きまりが悪い

❸ 耳をそろえる

❹ 口をつぐむ

❺ あげ足をとる

Ⓐ 物事が決まらないこと。

Ⓑ お金をぴったり用意すること。

Ⓒ 何も言わないこと。

Ⓓ 相手の言い間違《まちが》いなどをからかうこと。

Ⓔ はずかしいこと。

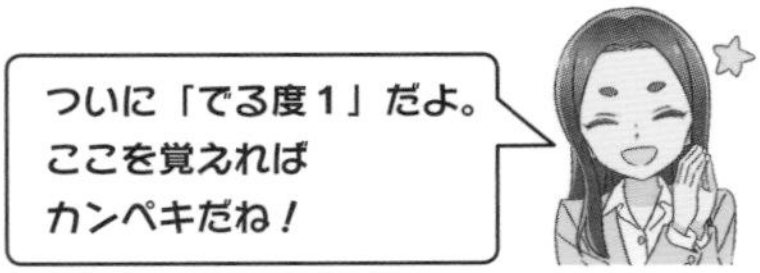
ついに「でる度１」だよ。
ここを覚えれば
カンペキだね！

1 らちが明《あ》かない　A 成蹊中など

物事の区切りがつかないこと。解決《かいけつ》しないこと。

参考　「らち」は「埒《らち》」と書く。柵《さく》や物事の区切りのこと。

用例　「兄と妹の言い分が食い違《ちが》って、らちが明かない。」

2 きまりが悪《わる》い　E 白百合学園中など

はずかしくて居心地《いごこち》が悪いこと。

参考　「きまり悪《わる》い」とも言う。

類語　ばつが悪《わる》い（➡P78）

3 耳《みみ》をそろえる　B 鎌倉女学院中など

決められた額《がく》通りにお金を用意すること。

語源　小判《こばん》（＝昔のお金）の縁《ふち》をそろえることから。「耳」は「縁」という意味がある。

4 口《くち》をつぐむ　C 灘中など

口を閉《と》じて何も言わないこと。

参考　ただだまっているのではなく、何か理由があって話そうとしない様子を表す。

用例　「弟は、父に何か言いたそうであったが、口をつぐんだままだった。」

5 あげ足《あし》をとる　D 早稲田中など

相手の言い間違いなどをからかうこと。

参考　「あげ足」は、相撲《すもう》などのときに地面からうき上がった足のこと。

用例　「他人のあげ足をとらずに、建設的な意見を述べよう。」

入試で差がつくポイント

4は、「つぐむ」とはどんな様子なのかをイメージして覚えよう。

でる度①

ことわざ・慣用句②

次の❶から❺の□に入るものを下から選び、ことわざ・慣用句を完成させなさい。

❶ 飛ぶ□を落とす勢い

❷ 弘法□を選ばず

❸ 頭かくして□かくさず

❹ くさっても□

❺ やぶをつついて□を出す

鳥　筆　尻　鯛　蛇

わからない問題は
今ここで
覚えてしまおう！

①

飛《と》ぶ鳥《とり》を落《お》とす勢《いきお》い

昭和女子大学附属昭和中など

勢《いきお》いや権力《けんりょく》がとても強いこと。

参考 「飛《と》ぶ鳥《とり》も落《お》とす勢《いきお》い」とも言う。

②

弘《こう》法《ぼう》筆《ふで》を選《えら》ばず

灘中など

能力《のうりょく》がある人は、どんな道具を使ってもすぐれた結果を出すということ。

語源 書の名人である弘法大師《こうぼうだいし》はどんな筆を使っても見事な字を書くことから。

参考 「弘法《こうぼう》は筆《ふで》を選《えら》ばず」とも言う。

③

頭《あたま》かくして尻《しり》かくさず

春日部共栄中など

欠点や悪事をかくしたつもりでいるが、まだ一部分が見えていること。

語源 頭だけかくして尻が見えている様子から。

④

くさっても鯛《たい》

立教池袋中など

すぐれているものは、全盛期《ぜんせいき》を過《す》ぎてもそれなりの価値《かち》があるということ。

語源 鯛は、古くなっても高級魚《こうきゅうぎょ》であることに変わりがないことから。

⑤

やぶをつついて蛇《へび》を出《だ》す

明治大学付属明治中など

余計なことをして、かえって悪い結果を出すこと。

参考 「やぶへび」という言い方もある。

入試で差がつくポイント

❷「弘法」が出てくることわざは、P32にもある。セットで覚えよう。

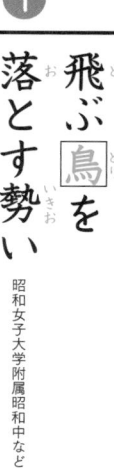

でる度❶

ことわざ・慣用句③

次の❶から❺のことわざ・慣用句の意味を、下のⒶからⒺの中から選びなさい。

❶ 紺屋の白ばかま

❷ 釈迦に説法

❸ 雨後のたけのこ

❹ 虫の息

❺ 犬猿の仲

Ⓐ 自分のことに手が回らないこと。

Ⓑ とても仲が悪いこと。

Ⓒ 今にも呼吸《こきゅう》が止まりそうなこと。

Ⓓ 自分よりくわしい人に教えようとするのはおろかだということ。

Ⓔ 物事が続いて起こること。

読み方もしっかり頭に入れて理解《りかい》しよう。

① 紺屋《こうや》の白《しろ》ばかま　A ラ・サール中など

他人のためにばかり働いて自分のことをするひまがないこと。

注意　「紺屋」は「こうや」と読み、布を染《そ》める仕事をする「染物屋《そめものや》」のこと。「こんや」ではない。

類語　医者《いしゃ》の不養生《ふようじょう》（➡P60）

② 釈迦《しゃか》に説法《せっぽう》　D 開智中など

その道の専門家にたいして、教えようとするのはおろかだということ。

語源　仏教《ぶっきょう》を始めた釈迦に仏法を説くのはおろかだということから。

③ 雨後《うご》のたけのこ　E 雙葉中など

物事が次々と発生すること。

語源　雨のあとはたけのこが次々に生《は》えることから。

④ 虫《むし》の息《いき》　C 東京都市大学付属中など

弱ってしまい、今にも息が止まりそうなこと。

用例　「虫の息となっていたのら猫《ねこ》を、必死に看病《かんびょう》した。」

⑤ 犬猿《けんえん》の仲《なか》　B 慶應義塾中等部など

犬と猿《さる》は仲が悪いと言われているように、二人の仲がとても悪いこと。

用例　「ただしくんとまさしくんは犬猿の仲だ。」

類語　水《みず》と油《あぶら》

入試で差がつくポイント

①は、布を染める仕事の紺屋が、自分の袴《はかま》を染めるひまもないほどいそがしい様子を表している。

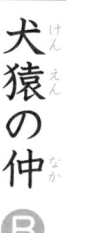

でる度❶

ことわざ・慣用句④

次の❶から❺の□に入るものを下から選び、ことわざ・慣用句を完成させなさい。

❶ おぼれる者は□をもつかむ

❷ 寄らば□の陰

❸ □の頭も信心から

❹ 火中の□を拾う

❺ □のつるになすびはならぬ

大樹　わら　栗　うり　いわし

自然や食べ物に
関する語句が
集まってるね。

①

おぼれる者《もの》は わら をもつかむ

横浜共立学園中など

困《こま》っているときは、たよりにならないものにまでたよろうとすること。

語源 おぼれているときは、あまり役に立たないわらでさえもつかんでたよろうとすることから。

②

寄《よ》らば 大樹《たいじゅ》 の陰《かげ》

浦和明の星女子中など

どうせだれかにたよるなら、たよりない人よりも有力者にたよる方がよいということ。

語源 日差しや雨をさけるには大きな木（＝大樹）の下の方がよいことから。

③

いわし の頭《あたま》も信心《しんじん》から

高輪中など

いわしの頭のようにつまらないものでも、信じている人にはありがたいものに思えるというたとえ。

参考 「いわしの頭《かしら》も信心《しんじん》から」とも言う。

④

火中《かちゅう》の 栗《くり》 を拾《ひろ》う

洗足学園中など

自分が損《そん》をしてまで他人のために危《あぶ》ないことをすること。

語源 さるにおだてられた猫《ねこ》が、さるのために火の中の栗を拾って自分はやけどをしたというたとえ話から。

⑤

うり のつるになすびはならぬ

成城中など

子どもは親に似《に》るものだということ。

参考 「なすび」は「なす」のこと。

類語 蛙《かえる》の子《こ》は蛙《かえる》（➡P84）

反対語 とびがたかを生《う》む（➡P42）

入試で差がつくポイント

❶と❷は、反対の意味を表すことわざ。

でる度①

ことわざ・慣用句⑤

次の①から⑤のことわざ・慣用句の意味を、下のⒶからⒺの中から選びなさい。

① 穴があったら入りたい

② 枚挙にいとまがない

③ 馬子にも衣装

④ あとは野となれ山となれ

⑤ 袖振り合うも多生の縁

Ⓐ どんな出会いも大切だということ。

Ⓑ 身なりがよいと、立派《りっぱ》に見えること。

Ⓒ 今後はどうなってもかまわないということ。

Ⓓ はずかしくてたまらないこと。

Ⓔ 数え上げたらきりがないこと。

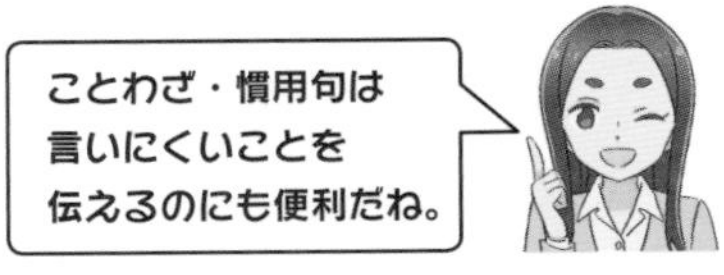
ことわざ・慣用句は言いにくいことを伝えるのにも便利だね。

1

穴《あな》があったら入《はい》りたい

D 逗子開成中など

穴にかくれたくなるほどはずかしくてたまらないこと。

参考 「穴《あな》があれば入《はい》りたい」とも言う。

2

枚《まい》挙《きょ》にいとまがない

E 広尾学園中など

一つ一つ数え上げたらきりがないということ。

参考 「枚挙」は「数え上げる」こと。「いとま」は「暇《ひま》」「時間のゆとり」という意味。

3

馬《ま》子《ご》にも衣《い》装《しょう》

B ラ・サール中など

どんな人でもきちんとした服を着れば、それなりに立派に見えるというたとえ。

注意 「馬子」は馬を引く仕事をする人のこと。「孫×」ではないので注意。

4

あとは野《の》となれ山《やま》となれ

C 三田国際学園中など

目先のことさえうまくいけば、あとはどうなってもかまわないということ。

参考 開き直りの気持ちを表すことば。

5

袖《そで》振《ふ》り合《あ》うも多《た》生《しょう》の縁《えん》

A 東京農業大学第一高等学校中等部など

たまたますれちがうのも、前世からのめぐり合わせであり、出会いは大切にすべきだということ。

注意 「袖《そで》すり合《あ》うも多《た》生《しょう》の縁《えん》」とも言う。「多生」は「他生」とも書く。

入試で差がつくポイント

❷ 「枚挙」は漢字問題として出題されることもあるから書けるようにしておこう。

でる度①

ことわざ・慣用句⑥

次の❶から❺の□に入るものを下から選び、ことわざ・慣用句を完成させなさい。

❶ 早起きは□文の徳

❷ □死に一生を得る

❸ 悪事□里を走る

❹ 氷山の□角

❺ □つ返事

一　二　三　九　千

漢数字を使った言いまわしを集めたよ。

①

早《はや》起《お》きは三《さん》文《もん》の徳《とく》

聖光学院中など

朝早く起きると、よいことがあるというたとえ。

参考 「早《はや》起《お》きは三《さん》文《もん》の得《とく》」とも言う。「文《もん》」は昔《むかし》のお金の単位。

②

九《きゅう》死《し》に一《いっ》生《しょう》を得《え》る

灘中など

絶望《ぜつぼう》的な状態《じょうたい》の中で助かること。

参考 「九《きゅう》死《し》一《いっ》生《しょう》」という四字熟語の形で使われることもある。

③

悪《あく》事《じ》千《せん》里《り》を走《はし》る

湘南白百合学園中など

悪い行いはすぐに世間に知れ渡《わた》ること。

参考 「里《り》」は長さを表す昔の単位。「一里」は約4キロメートルなので、「千里」は約4000キロメートル。

④

氷《ひょう》山《ざん》の一《いっ》角《かく》

早稲田中など

表面に見えているものは全体のほんの一部分にすぎないというたとえ。

語源 大きな氷山のうち、水面に見えているのは一部で、残りは水面下にあることから。

⑤

二《ふた》つ返《へん》事《じ》

渋谷教育学園幕張中など

快《こころよ》く承知《しょうち》すること。

語源 「はいはい」とすぐに応じることから。

入試で差がつくポイント

③の「里」を使った四字熟語やことわざ・慣用句は、ほかに「五《ご》里《り》霧《む》中《ちゅう》」（➡P10）や「千《せん》里《り》の道《みち》も一《いっ》歩《ぽ》から」（➡P66）などがある。

でる度① ことわざ・慣用句⑦

次の①から⑤の
ことわざ・慣用句の意味を、
下のⒶからⒺの中から選びなさい。

① 口がすべる

② 口車に乗る

③ 肩身がせまい

④ 真に受ける

⑤ 耳をすます

Ⓐ 注意を集中して聞くこと。

Ⓑ 引け目を感じること。

Ⓒ うまい言葉にだまされること。

Ⓓ ことば通りに受け止めること。

Ⓔ 余計なことをうっかり言ってしまうこと。

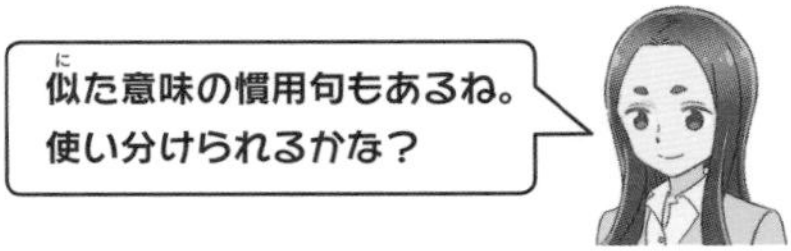
似《に》た意味の慣用句もあるね。
使い分けられるかな？

1 口《くち》がすべる　E 大妻中野中など

調子にのって余計なことを言ってしまうこと。

用例「口がすべって秘密基地《ひみつきち》のことを他人に話してしまった。」

2 口車《くちぐるま》に乗《の》る　C 神奈川学園中など

口先だけのうまい言いまわしにだまされること。

参考「口車《くちぐるま》に乗《の》せられる」という使い方も多い。

3 肩身《かたみ》がせまい　B 城北中など

相手よりもおとっていると感じて、身が縮《ちぢ》むような気持ちになること。

注意「片身」と書くのは誤《あやま》り。

用例「クラスの中でただ一人逆上がりができず、肩身がせまい。」

4 真《ま》に受《う》ける　D 雙葉中など

じょうだんなどを本気で受け止めること。

注意「間」としてしまう誤りも多いので注意。

類語「うのみにする」（⬇P94「うのみ」）

5 耳《みみ》をすます　A 東京都市大学付属中など

心を落ち着け、注意を集中して聞くこと。

類語「耳《みみ》をかたむける」（⬇P48）

「耳《みみ》をそばだてる」

入試で差がつくポイント

❷と❹の意味は似ているが、少し違《ちが》う。❹「真に受ける」は、相手にはだますつもりがないのに、言われたほうは本気にしてしまうという意味合い。

ことわざ・慣用句⑧

でる度❶

次の❶から❺の□に入るものを下から選び、ことわざ・慣用句を完成させなさい。

❶ □にたこができる

❷ □に火をともす

❸ □が重い

❹ □を鳴らす

❺ □で息をする

耳　口　肩　鼻　つめ

どの語句と組み合わせるかわかるかな？

1 耳《みみ》にたこができる

大妻中野中など

同じことを何度も聞かされていやになること。

参考　「たこ」は、手や足の皮が何度も使われてかたくなった部分のこと。「耳《みみ》が痛《いた》い」（➡P82）との違《ちが》いに注意。

2 つめに火《ひ》をともす

日本大学豊山女子中など

貧《まず》しい生活をしていること。けちなこと。

語源　ろうそくを使って火をともす代わりに、爪《つめ》を使うというたとえから。

3 口《くち》が重《おも》い

浅野中など

無口なこと。

用例　「祖父《そふ》は口が重いが、いつもにこにこしている。」

4 鼻《はな》を鳴《な》らす

浦和明の星女子中など

「ふんっ」と鼻を鳴らして相手を見下すこと。

参考　鼻にかかったような、あまえた声を出すことという意味もある。

5 肩《かた》で息《いき》をする

栄東中など

肩を上下に動かして、苦しそうに息をすること。

用例　「まさしくんはちこくしないように走ってきたらしく、肩で息をしながら教室に入ってきた。」

入試で差がつくポイント

「鼻」「耳」「口」を使った慣用句はたくさんあるので、「さくいん」（➡P156）を使って確認《かくにん》しておこう。

ことわざ・慣用句⑨

でる度①

次の❶から❺のことわざ・慣用句の意味を、下のⒶからⒺの中から選びなさい。

❶ いやおうなしに

❷ 目くじらを立てる

❸ 息を殺す

❹ 矢継ぎ早

❺ くもの子を散らす

Ⓐ 他人の欠点を責める様子。

Ⓑ じっと静かにしている様子。

Ⓒ 次々とすばやく行う様子。

Ⓓ ばらばらになって大あわてでにげる様子。

Ⓔ 無理やりにさせられる様子。

「様子」を表す言いまわしを集めたよ。

1 いやおうなしに E

鎌倉学園中など

承知《しょうち》するともしないとも言っていないのに。無理やりに。

参考 「否応《いやおう》なしに」と書く。「否」は承知しない、「応」は承知するという意味。「いやおうなく」とも言う。

2 目《め》くじらを立《た》てる A

東京学芸大学附属世田谷中など

小さな間違《まちが》いや欠点を見つけて非難《ひなん》すること。

参考 「目くじら」は「目の端《はし》」のこと。目の端をつり上げておこる様子を表す。

3 息《いき》を殺《ころ》す B

渋谷教育学園幕張中など

息を止めるようにして静かにしていること。

類語 息《いき》をひそめる
息《いき》をこらす

用例 「息を殺して、獲物《えもの》が通りかかるのを待つ。」

4 矢《や》継《つ》ぎ早《ばや》 C

慶應義塾中等部など

すばやく続けざまに行う様子。

語源 矢を射《い》る前の動作を「矢を継《つ》ぐ」と言う。それをすばやく次々と行う様子から。

用例 「矢継ぎ早に質問を続けていった。」

5 くもの子《こ》を散《ち》らす D

洗足学園中など

大勢《おおぜい》の人が四方にぱっと散ってにげる様子。

語源 「くも」は虫の「蜘蛛《くも》」。たくさんの蜘蛛の幼《よう》虫《ちゅう》が入った袋《ふくろ》が破《やぶ》けたときの様子から。

入試で差がつくポイント

④⑤は意味が似《に》ているが、場面に応じて使い分ける。「矢継ぎ早」ははやさを強調している場面。「くもの子を散らす」は大勢の人がにげる場面。

でる度① ことわざ・慣用句⑩

次の❶から❺の□に入るものを下から選び、ことわざ・慣用句を完成させなさい。

❶ 手を□

❷ 目を□

❸ きもを□

❹ お茶を□

❺ 腹を□

にごす
疑う
くくる
冷やす
ぬく

「でる順」はここまで。
次のページからは
「テーマ別」だよ。

1 手《て》をぬく

中央大学附属中など

やるべきことをすべてやらないでごまかすこと。

用例 「弟はずいぶんはやく庭の草むしりを終えたが、明らかに手をぬいていた。」

2 目《め》を疑《うたが》う

國學院大學久我山中など

信じられないものを見ておどろくこと。

参考 聞いておどろいたときは「耳《みみ》を疑《うたが》う」（➡P98）と言う。

3 きもを冷《ひ》やす

浅野中など

危《あぶ》ない目にあって、ひやっとすること。

参考 「きも（肝）」はこの場合、「心」や「精神」を表す。

用例 「自転車に乗っていたら、猫《ねこ》がいきなり飛び出してきて、きもを冷やした。」

4 お茶《ちゃ》をにごす

浦和実業学園中など

よくわからないことに直面し、その場を適当にごまかすこと。

語源 茶の点《た》て方を知らない人が、適当に茶わんの中をかきまぜてお茶をにごらせる様子から。

5 腹《はら》をくくる

横浜雙葉中など

かくごを決めること。決心すること。

参考 「くくる」は「一つにまとめてしばる」こと。

類語 腹《はら》を決《き》める

用例 「腹をくくって、その試験に挑戦することを決めた。」

入試で差がつくポイント

慣用句は、二つ以上の語句が結びついて、特定の意味を表す。つまり、例えば「お茶を冷やす」「腹を冷やす」という語句は、文字通りお茶や腹を冷やすという意味があるだけで、それ以外の特定の意味はないから、「慣用句」とは言わない。

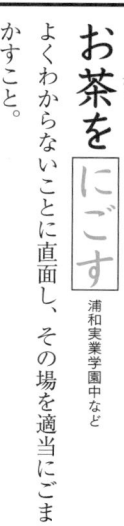

［テーマ別①］

故事成語

次の❶から❺の故事成語の意味を、下のⒶからⒺの中から選びなさい。

❶ 五十歩百歩

❷ 朝三暮四

❸ 他山の石

❹ 漁夫の利

❺ 蛇足

Ⓐ あっても役に立たないこと。

Ⓑ 目先の利益《りえき》に気をとられること。

Ⓒ 第三者が得をすること。

Ⓓ たいした違《ちが》いはないということ。

Ⓔ 他人の言動から学べること。

「故事《こじ》」とは、「古事」とも言い、「昔《むかし》のこと」。「故事成語」は、中国の昔の話などをもとにしてできたことばだよ。

1

五十歩百歩《ごじっぽひゃっぽ》 D

青山学院中等部など

ほとんど同じで、似《に》たりよったりだということ。

語源 戦場で五十歩にげた人が百歩にげた人を笑ったが、どちらもにげたことに変わりはないという故事から。

2

朝三暮四《ちょうさんぼし》 B

逗子開成中など

目先の利益に気をとられて結果が同じであることに気づいていないこと。

語源 さるを飼っていた人が、そのさるに「朝に三つ、暮《く》れ（夜）に四つえさをあげよう」と言ったら、さるは不満そうだったが、「朝に四つ、暮れに三つ」と言いかえたら喜んだという故事から。

3

他山《たざん》の石《いし》 E

灘中など

たいしたことのない他人の言動の中にも、自分の心がけしだいで学べるものがあるということ。

語源 （➡P150）

4

漁夫《ぎょふ》の利《り》 C

渋谷教育学園幕張中など

当事者が利益を争っている間に、別の人（第三者）がさっさとその利益を得ること。

語源 シギとハマグリが争っていたところに漁師が来て、どちらもつかまえてしまったという故事から。「漁夫」は「漁師」のこと。

5

蛇足《だそく》 A

攻玉社中など

役に立たないよけいなものを付け加えて台なしにすること。

語源 蛇《へび》の絵をはやく描《か》く競争をしたとき、最初に描き上げた者が、調子に乗って足まで描いてしまったために、この絵は蛇でないと言われて負けたという故事から。

入試で差がつくポイント

故事成語は語源《ごげん》を知ると覚えやすい。これ以外にも知っておきたい「故事成語」の語源をP150にまとめているから要チェックだ。

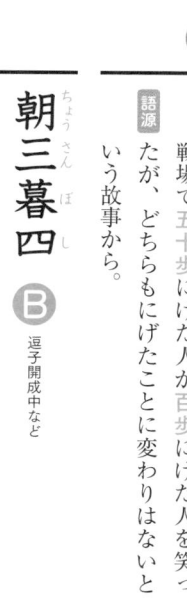

［テーマ別②］
四字熟語　漢数字

次の❶から❺の□には、すべて漢数字が入る。二つの漢数字を足して一番大きい数になるものと、一番小さい数になるものを、それぞれ答えなさい。

立教池袋中など

❶ □差□別

❷ □日□秋

❸ □人□色

❹ □寒□温

❺ □転□倒

漢数字は伝えたいことを簡潔《かんけつ》に表すね。
意味や由来をヒントにして理解しよう。

答えと解説

一番大きい…①　一番小さい…④

①

千《せん》差《さ》万《ばん》別《べつ》（→P10）

解き方　1000＋10000＝11000

意味　たくさんのものがそれぞれ違《ちが》っていること。

参考　千や万は数がとても多いことを表す。

②

一《いち》日《じつ》千《せん》秋《しゅう》（→P6）

解き方　1＋1000＝1001

意味　とても待ち遠しいこと。

参考　一日に千回秋がめぐってくる（つまり千年）ように長く思われるということ。

③

十《じゅう》人《にん》十《と》色《いろ》（→P10）

解き方　10＋10＝20

意味　性格《せいかく》、好み、考え方などは、人によってみんな違うこと。

参考　十人は実際の人数ではなく「みんな」を表す数。

④

三《さん》寒《かん》四《し》温《おん》（→P18）

解き方　3＋4＝7

意味　寒い日と暖《あたた》かい日が数日ずつくり返されること。

参考　寒い日が三日続いたら、暖かい日が四日続くように、少しずつ冬から春に近づく気候を表す。

⑤

七《しち》転《てん》八《ばっ》倒《とう》（→P12）

解き方　7＋8＝15

意味　何度も転げ回るほど苦しむこと。

参考　七回転び八回倒《たお》れる様子を表す。

入試で差がつくポイント

①「千差万別」と③「十人十色」は意味が似《に》ている。同じような意味の四字熟語として「多《た》種《しゅ》多《た》様《よう》」などもある。

［テーマ別③］
四字熟語　反対語

次の❶から❺の二つの□には反対の意味を表す二つの漢字が入る。ふさわしい語を入れて、四字熟語を完成させなさい。また、その意味を下のⒶからⒺの中から選びなさい。

神奈川学園中など

❶ □□選択

❷ 針□棒□

❸ □口□音

❹ □変□異

❺ □□男女

Ⓐ ものごとを大げさに言いふらすこと。

Ⓑ 用いることと用いないこと。

Ⓒ 多人数の意見が一致《いっち》して合うこと。

Ⓓ 年齢《ねんれい》にかかわらないすべての人のこと。

Ⓔ 自然界に起こるあらゆる災害《さいがい》のこと。

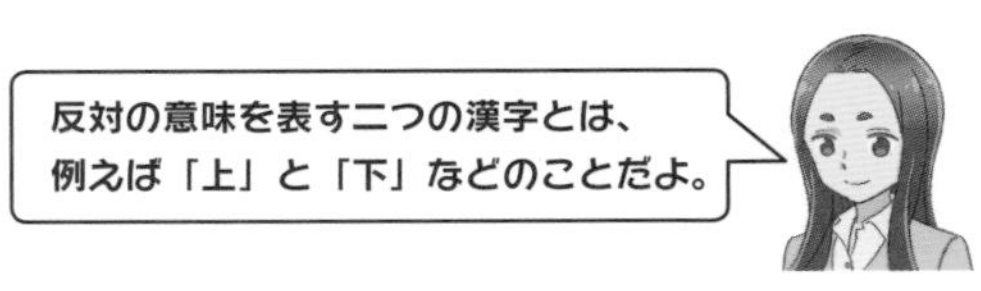
反対の意味を表す二つの漢字とは、
例えば「上」と「下」などのことだよ。

1

取《しゅ》捨《しゃ》選《せん》択《たく》（➡P10） B

意味 いくつかのもののなかから、いるものといらないものを選び分けること。

参考 「取る」と「捨てる」は反対語。

用例 「本だなから、必要な本を取捨選択して残し、他の本は売った。」

2

針《しん》小《しょう》棒《ぼう》大《だい》（➡P8） A

意味 小さなことを大げさに言うこと。

参考 「小さい」と「大きい」は反対語。

3

異《い》口《く》同《どう》音《おん》（➡P6） C

意味 多くの人が口《くち》をそろえて同じことを言うこと。

参考 「異なる」と「同じ」は反対語。

用例 「クラスのみんなが、異口同音に賛成と答えたが、僕には違和感《いわ》があった。」

4

天《てん》変《ぺん》地《ち》異《い》 E

意味 天や地上で起こる、自然界の異常《いじょう》な現象《げんしょう》。

参考 「天」と「地」は反対語。

5

老《ろう》若《にゃく》男《なん》女《にょ》 D

意味 年齢や性別に関係なくすべての人。

参考 「老い」と「若い」は反対語。

用例 「この商品は、老若男女を問わず、あらゆる人々に受け入れられるだろう。」

入試で差がつくポイント

反対の意味を表す漢字が使われた四字熟語はたくさんある。例えば「右往左往《うおうさおう》」「空前絶後《くうぜんぜつご》」「有名無実《ゆうめいむじつ》」「起死回生《きしかいせい》」「半信半疑《はんしんはんぎ》」「首尾一貫《しゅびいっかん》」など。

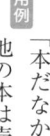

［テーマ別④］ことわざ・慣用句　干支の動物

次の❶から❸にあてはまることわざを下よりそれぞれ選び、記号で答えなさい。

鎌倉女学院中など

❶ 干支《えと》にいない動物が入ったことわざ。

❷ 干支において「巳《み》」と表される動物が含《ふく》まれることわざ。

❸ 干支は方位を表す際にも使われてきました。酉《とり》は西を表します。北を表す動物が入ったことわざ。

Ⓐ 蛇の道は蛇
Ⓑ 虎穴に入らずんば虎子を得ず
Ⓒ 二兎を追う者は一兎をも得ず
Ⓓ 犬も歩けば棒に当たる
Ⓔ 猫に小判
Ⓕ 猿も木から落ちる
Ⓖ 馬の耳に念仏
Ⓗ 袋の鼠

干支は、昔《むかし》の暦《こよみ》や方位を表したもので、十二の動物がふくまれているよ。

答えと解説

1 E　2 A　3 H

1

解き方

干支にふくまれている動物は、「子《ね》（鼠《ねずみ》）」「丑《うし》（牛）」「寅《とら》（虎《とら》）」「卯《う》（兎《うさぎ》）」「辰《たつ》（龍《りゅう》）」「巳《み》（蛇《へび》）」「午《うま》（馬）」「未《ひつじ》（羊）」「申《さる》（猿《さる》）」「酉《とり》（鶏《にわとり》）」「戌《いぬ》（犬《いぬ》）」「亥《い》（猪《いのしし》）」。「猫《ねこ》」はふくまれない。

2

解き方

「巳」は「蛇」のこと。

3

解き方

十二の動物を円の形に順に並べると次のような形になる。昔は、この図をもとに方位や時間を表した。「酉」が西を表す場合、そこから右回りに90°進んだところが北を表すので、「鼠」になる。

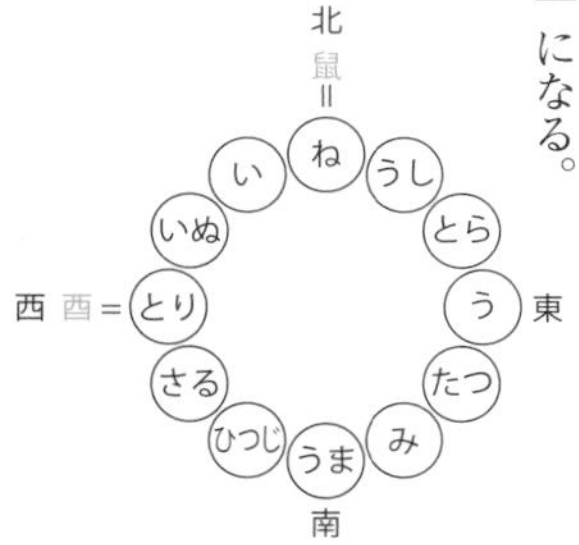

A

蛇《じゃ》の道《みち》は蛇《へび》

意味　同じ社会にいる者は、たがいにその方面をよく知っているということ。

B

虎穴《こけつ》に入《い》らずんば虎子《こじ》を得《え》ず

意味　危険をおかさなければ成果を得られないこと。

C

二兎《にと》を追《お》う者《もの》は一兎《いっと》をも得《え》ず

（➡P50）

D

犬《いぬ》も歩《ある》けば棒《ぼう》に当《あ》たる

（➡P56）

E

猫《ねこ》に小判《こばん》

（➡P30）

F

猿《さる》も木《き》から落《お》ちる

（➡P26）

G

馬《うま》の耳《みみ》に念仏《ねんぶつ》

（➡P26）

H

袋《ふくろ》の鼠《ねずみ》

意味　追いつめられてにげ道がないこと。

［テーマ別⑤］ことわざ・慣用句　体

次の❶から❺において、下段は上段の語句の意味を示している。□にあてはまる適切な漢字一字をそれぞれ答えなさい。

ラ・サール中など

❶ 猫の□ ＝ 場所がせまいこと。

❷ □が利く ＝ わずかな兆候を、たくみに探《さぐ》り当てること。

❸ □がはやい ＝ 食物などが腐《くさ》りやすいこと。

❹ □がかかる ＝ 強いものの庇護《ひご》や影響《えいきょう》の下《もと》にあること。

❺ □が通う ＝ 形式的・事務的ではなく、人間らしい思いやりが感じられること。

人間の体に関する漢字があてはまるね。
語句の意味にぴったり合う
言いまわしを考えよう。

答えと解説

1 猫《ねこ》の額《ひたい》

(➡P32)

意味 とてもせまい場所のこと。

誤答例 (×)猫の手(猫の手も借りたい＝だれでもいいから手伝ってほしいくらいにいそがしいこと。)

2 鼻《はな》が利《き》く

意味 探り当てる力がすぐれていること。

誤答例 (×)目が利く＝物事を見分ける力があること。
(×)顔が利く＝信用があって無理なお願いができること。
(×)気が利く＝よく気がつくこと。

入試で差がつくポイント

「額」の例…「額《ひたい》を集《あつ》める」「額《ひたい》に汗《あせ》する」など。
「血」の例…「血《ち》の気《け》が引《ひ》く」「血《ち》がさわぐ」など。
「鼻」「足」「息」を用いた慣用句を確認《かくにん》しておこう。

3 足《あし》がはやい

意味 食物などが腐りやすいこと。

参考 「商品などの売れ行きがはやい」という意味もある。

誤答例 (×)目がはやい＝見つけるのがはやいこと。
(×)耳がはやい＝情報《じょうほう》を聞きつけるのがはやいこと。
(×)気がはやい＝せっかちなこと。

4 息《いき》がかかる

意味 有力者の助けや支配を受けていること。

誤答例 (×)手がかかる＝世話がやけること。

5 血《ち》が通《かよ》う

意味 人間味《み》が感じられること。

誤答例 (×)心が通う＝気持ちが通じ合うこと。
(×)息が通う＝生き生きしていること。

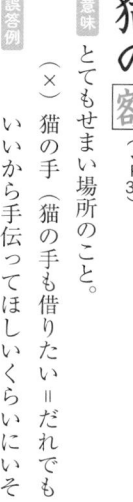

［テーマ別⑥］
ことわざ・慣用句　心の動き

次の❶から❹の文の波線部は、心の動きに関わる表現になっている。□にあてはまることばをひらがなで答えなさい。ただし、□には□内の文字数のひらがなが入るものとする。

聖光学院中など

❶ 貸していた本を汚《よご》して返されたので、彼《かれ》は額《ひたい》に［四字］を立てて怒《おこ》っていた。

❷ みんなから痛《いた》いところを突《つ》かれてしまい、［四字］も出なかった。

❸ 展覧《てんらん》会のために［四字］を注いで制作した作品が、金賞に選ばれた。

❹ チームに頼《たよ》りになるエースがいるので、［四字］に乗った気持ちで試合に臨《のぞ》んだ。

文字数に注意して、文の内容に合った慣用句を考えたらわかる気がする。

答えと解説

1
額《ひたい》に あおすじ （青筋）を立《た》てる

意味 額に血管が浮《う》き出るほどはげしく怒ること。

参考 「額《ひたい》に筋《すじ》を立てる」とも言う。

2
ぐうのね （ぐうの音）も出《で》ない

意味 責《せ》められて、一言も言い返せないこと。

語源 「ぐうの音」の由来は不明だが、「無理やり息をはき出すときの音」という説がある。

3
しんけつ （心血）を注《そそ》ぐ

意味 物事に真剣に取り組むこと。

注意 「心血を傾ける」とは言わないので注意。

4
おおぶね （大船）に乗《の》った気《き》持《も》ち

意味 信用できる人に任《まか》せて、すっかり安心している気持ちのこと。

入試で差がつくポイント

入試問題の物語文では、「登場人物の気持ち」を表す部分が空欄《くうらん》になっていて、「そこにあてはまる慣用句」を答えさせる問題がよくある。これを解《と》くには、「気持ちを読み取る力」と「慣用句の知識」の両方が必要である。

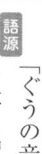

［テーマ別⑦］

ことわざ・慣用句　反対の意味

次の❶から❺のことわざとほぼ反対の意味になることわざを、下のⒶからⒼの中から選びなさい。

普連土学園中など

❶ 人を見たら泥棒と思え

❷ 急いては事を仕損じる

❸ 坊主憎けりゃ袈裟まで憎い

❹ 好きこそものの上手なれ

❺ あとは野となれ山となれ

Ⓐ 立つ鳥あとをにごさず

Ⓑ うそも方便

Ⓒ 三度目の正直

Ⓓ あばたもえくぼ

Ⓔ 下手の横好き

Ⓕ 渡る世間に鬼はなし

Ⓖ 善は急げ

それぞれのことわざがどんな意味を持つのか、考えてみよう。

答えと解説

1 F

解き方 「人《ひと》を見《み》たら泥棒《どろぼう》と思《おも》え」は「他人をかんたんに信用するな」という意味なので、その反意語として、「世の中には悪い人ばかりではない（＝他人を信用してよい）」という意味の「渡《わた》る世間《せけん》に鬼《おに》はなし」（⬇P70）を選ぶ。

2 G

解き方 「急《せ》いては事《こと》を仕損《しそん》じる」（⬇P56）は「急ぐと失敗することが多いので、落ち着いて取り組むべきだ」という意味なので、その反意語として、「よいと思ったことは、ためらわずに（＝急いで）実行した方がよい」という意味の「善《ぜん》は急《いそ》げ」（⬇P94）を選ぶ。

3 D

解き方 「坊主《ぼうず》憎《にく》けりゃ袈裟《けさ》まで憎《にく》い」は「その人を憎むあまり、その人に関係のあるものすべてが憎い」という意味なので、その反意語として、「その人を好きなあまり、その人の欠点までも好きになる」という意味の「あばたもえくぼ」を選ぶ。

参考 「袈裟」は坊主（＝僧《そう》）が身につける衣服のこと。

4 E

解き方 「好《す》きこそものの上手《じょうず》なれ」（⬇P70）は「好きなことには熱心に取り組むので、上手《じょうず》になるものだ」という意味なので、その反意語として、「下手《へた》なくせに好きで熱心だ」という意味の「下手《へた》の横好《よこず》き」（⬇P56）を選ぶ。

5 A

解き方 「あとは野《の》となれ山《やま》となれ」（⬇P114）は「目先の問題さえ解決《かいけつ》できれば、そのあとはどうなってもかまわない」という意味なので、その反意語として、「あとが見苦しくないように、整えてから立ち去るべきだ」という意味の「立《た》つ鳥《とり》あとをにごさず」（⬇P42）を選ぶ。

入試で差がつくポイント

B「うそも方便《ほうべん》」（⬇P70）は、時と場合によってはうそが必要なときもあるということ。C「三度目《さんどめ》の正直《しょうじき》」は、一度や二度の結果はあてにならないが、三度目の結果は信用できるということ。

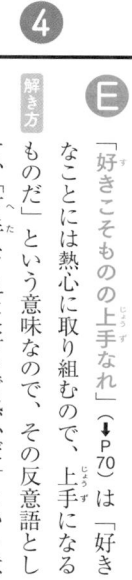

［テーマ別⑧］

知っておきたいことば①

次の❶から❹にあてはまる最も適切なことばを、あとから選びなさい。

栄東中など

❶ 落とし物をしたら、□探《さが》すのではなく警察《けいさつ》に行くべきだ。

❷ 先生は教室を見回すと□話し始めた。

❸ 彼《かれ》は一日の出来事を□両親に話した。

❹ 彼は目を覚ましたかと思うと□部屋を飛び出した。

やみくもに
やにわに
やおら
つまびらかに

同じ語は一度しか使えないよ。それぞれの文脈《ぶんみゃく》をよく考えて選ぼう。

答えと解説

1 やみくもに

解き方 「よく考えずに」という意味を表す「やみくもに」が入る。「やみくもに」の元の意味は、「闇《やみ》の中の雲のように、よく見えないなかで手ごたえのないものをつかむ」ということ。

2 やおら

解き方 教室で先生が何かを話し始める場面なので、「ゆっくりと」という意味を表す「やおら」が入る。

類語 おもむろに（⬇P153）

3 つまびらかに

解き方 両親に一日の出来事を話す場面なので、「くわしく」という意味を表す「つまびらかに」が入る。

類語 つぶさに（⬇P153）

4 やにわに

解き方 目を覚ましてすぐに飛び出したのだから、「いきなり」という意味を表す「やにわに」が入る。

❷「やおら」の意味は間違《まちが》えやすいよ。ここでしっかり覚えよう。

入試で差がつくポイント

ここで挙げられたような、訓《くん》読みのことばで昔から使われているものを「和語」という。ほかに「あたかも」「おもむろに」「つぶさに」などがある。P152に、知っておきたい「和語」をまとめているから要チェックだ。

［テーマ別⑨］
知っておきたいことば②

日本語には、畳語《じょうご》と呼ばれる同一の単語を重ねて一語としたことばがある。次の各文の空欄《くうらん》にあてはまる畳語を〔　〕内の意味を参考にして考え、■部分に入るひらがなを答えなさい。ただし、■・□はそれぞれひらがな一文字分を示し、同じ記号には共通したひらがなが入る。なお、濁点《だくてん》がつく場合にも同じひらがなと考える。

慶應義塾中等部など

❶ 彼《かれ》が犯人《はんにん》だと□■□■感づいていた。
〔かすかに、ほのかに〕

❷ □■□■心配していたことが起きてしまった。
〔前もって〕

❸ 散歩□■□■買い物に行く。〔ついでに〕

❹ 思いがけず□■□■な目に遭《あ》う。
〔ひどく悪いさま〕

例えば、□■□■に「さまざま」ということばが入るとしたら、答えは「ま」になるよ。

答えと解説

1 す

解き方 なんとなく感づいていたという文脈《ぶんみゃく》なので、「うすうす」が入る。

2 ね

解き方 以前から心配していたという文脈なので、「かねがね」が入る。

3 た

解き方 散歩のついでにという文脈なので、「かたがた」が入る。

4 ん

解き方 ひどい目に遭うという文脈なので、「さんざん」が入る。

入試で差がつくポイント

「畳語」は「重ねことば」ともいう。人物の様子や心《しん》情《じょう》を表すことばが多く、読《どっ》解《かい》問題でよく問われる。

【知っておきたい「重ねことば」】

重ねことば	意味・用例
いそいそ	心がはずむ様子。 用例 遠足にいそいそ出かける。
うかうか	うっかりする様子。 用例 相手の作戦にうかうかと乗ってしまう。
おずおず	こわがってためらう様子。 用例 おずおず手を挙げる。
しげしげ	①何度も ②じっと 用例 ①店にしげしげと通う。 ②しげしげと見る。
たんたん	あっさりした様子。 用例 たんたんとした表情で負けを認《みと》める。
とぼとぼ	元気なく歩く様子。 用例 試合に負けてとぼとぼ帰る。
もじもじ	はずかしがる様子。 用例 指名されてもじもじする。
わなわな	おそれや寒さで体がふるえる様子。 用例 おびえてわなわなふるえる。

［テーマ別⑩］
総合問題① 色

次の❶から❺のことわざや慣用句、四字熟語の□には色を表す漢字一字が入る。五つすべてに異なる漢字が入る場合は1と、五つのうち二つに共通する漢字が入る場合は2と、五つのうち三つに共通する漢字が入る場合は3と、五つのうち四つに共通する漢字が入る場合は4と、五つすべてに共通する漢字が入る場合は5と答えなさい。

慶應義塾中等部など

❶ □菜に塩

❷ □眼視

❸ □子の手をひねる

❹ □二才

❺ □吐息

空欄《くうらん》には「色を表す漢字」が入るよ。問題をよく読んで答えを導《みちび》いてね。

答えと解説

3

解き方　五つのうち三つに「青」が入る。

①

青《あお》菜《な》に塩《しお》（➡P32）

意味　元気のよかった人が急にしょんぼりすること。

語源　青菜に塩をふりかけると、水分がぬけてしなびてしまうことから。

②

白《はく》眼《がん》視《し》

意味　冷たい目つきで見ること。冷遇《れいぐう》すること。

語源　昔の中国に青眼（青い目）と白眼（白い目）を使い分けることができる人がいて、気に入った人には青眼で、気に入らない人には白眼で接したことから。

③

赤《あか》子《ご》の手《て》をひねる

意味　力の弱いもの、無力のものを簡単《かんたん》にたおしたり、物事をたやすく行ったりすること。

④

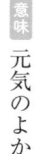

青《あお》二《に》才《さい》

意味　経験《けいけん》が足りない若い男のこと。

参考　「青」は「未熟《みじゅく》な様子」を表す。

⑤

青《あお》息《いき》吐《と》息《いき》

意味　弱りきっているときに出るため息。また、弱りきってしまうくらいつらい状況《じょうきょう》のこと。

参考　「青」は「苦しい様子」を表す。

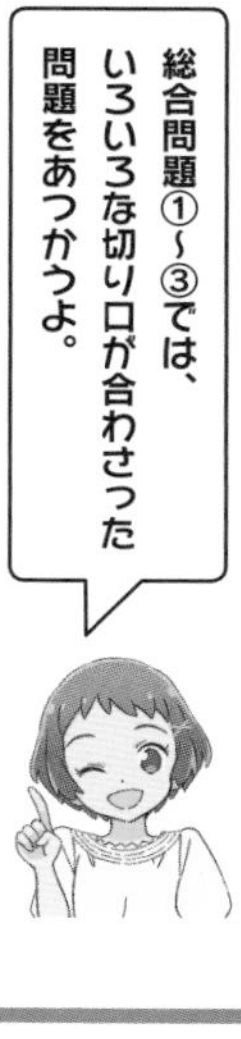

総合問題①〜③では、
いろいろな切り口が合わさった
問題をあつかうよ。

入試で差がつくポイント

「色」に関することわざ・慣用句、四字熟語は他に「朱《しゅ》に交《まじ》われば赤《あか》くなる」（➡P46）「白《しら》羽《は》の矢《や》が立《た》つ」（➡P100）「紺《こう》屋《や》の白《しろ》ばかま」（➡P110）「青《せい》天《てん》の霹《へき》靂《れき》」「青《せい》天《てん》白《はく》日《じつ》」などがある。

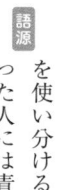

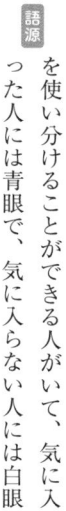

［テーマ別⑪］

総合問題②　正誤問題

次の❶から❺の文の中から、――線部のことばの使い方が間違《まちが》っているものを二つ選び、番号で答えなさい。

栄東中など

❶ 単刀直入に彼《かれ》の本音を聞く。

❷ 彼のスピーチは木に竹をつぐようになめらかだ。

❸ 異口同音に意見が出て結論《けつろん》がまとまらない。

❹ 先生が失敗するとはまさに弘法も筆の誤りだ。

❺ 急がば回れで安全確実な方法を選んだ。

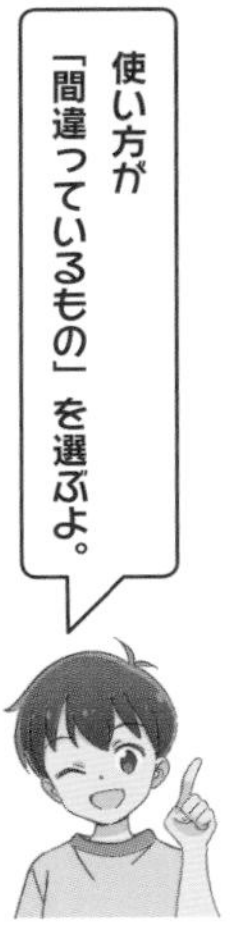
使い方が「間違っているもの」を選ぶよ。

答えと解説

❷ ❸

①

単刀直入《たんとうちょくにゅう》（➡P6）

解き方

この文では、「彼の本音を聞く」ときの様子を、「前置きなしに、いきなり大事な話に入る」という意味の四字熟語「単刀直入」を使って表しているので、ことばの使い方は正しい。

②

木《き》に竹《たけ》をつぐ（➡P72）

解き方

この文では、「（スピーチが）なめらかだ」ということを、「ちぐはぐだ」という意味の慣用句「木に竹をつぐ」を使って表しているので、ことばの使い方は誤り。

③

異口同音《いくどうおん》（➡P6）

解き方

この文では、「意見が出て結論《けつろん》がまとまらない」場面を、「多くの人が口《くち》をそろえて同じことを言う」という意味の「異口同音」を使って表しているので、ことばの使い方は誤り。

④

弘法《こうぼう》も筆《ふで》の誤《あやま》り（➡P32）

解き方

この文では、「先生が失敗する」ことを、「どんな名人でも、ときには失敗する」という意味のことわざ「弘法も筆の誤り」を使って表しているので、ことばの使い方は正しい。

参考

「弘法《こうぼう》にも筆《ふで》の誤《あやま》り」とも言う。

⑤

急《いそ》がば回《まわ》れ（➡P38）

解き方

この文では、「安全確実な方法を選んだ」ことを、「急ぐときこそ、あぶない方法を選ぶより、時間がかかっても安全な方法を選んだ方がよい」という意味のことわざ「急がば回れ」を使って表しているので、ことばの使い方は正しい。

入試で差がつくポイント

身近な事例をもとに自分で例文を作ってみると、イメージしやすく、しっかり覚えられる。

［テーマ別⑫］

総合問題③　類語

次の❶から❹のことばに近い意味を持つ四字熟語を、下に示す〈四字熟語の一部〉から選び、□に漢字を入れて完成させて答えなさい。ただし、同じものは繰《く》り返して使えない。

灘中など

❶ 大風呂敷を広げる

❷ 口をすっぱくする

❸ しり馬に乗る

❹ 風前のともしび

四字熟語の一部

再□再□	絶□絶□	付□雷《らい》□
針□棒□	馬□東□	油□大□

たがいに近い意味を持つ語句を「類義語《るいぎご》」「同義語」「類語《るいご》」などと呼《よ》ぶよ。ここでは慣用句と四字熟語、両方の知識《ちしき》が必要だね。

答えと解説

1

針《しん》小《しょう》棒《ぼう》大《だい》

解き方

「大風呂敷《おおぶろしき》を広《ひろ》げる」は「現実にはありえないような大げさなことを言うこと」なので、「小さなことを大げさに言うこと」の意味を持つ「針小棒大《しんしょうぼうだい》」（⬇P8）を選ぶ。

2

再《さい》三《さん》再《さい》四《し》

解き方

「口《くち》をすっぱくする」は「何度も繰り返して言うこと」なので、「繰り返し。何度も」の意味を持つ「再三再四《さいさんさいし》」を選ぶ。

3

付《ふ》和《わ》雷《らい》同《どう》

解き方

「しり馬《うま》に乗《の》る」（⬇P94）は「深く考えずに人のあとについて行動すること」なので、「自分にしっかりとした考えがなく、他人の意見にすぐ同意すること」という意味の「付和雷同《ふわらいどう》」（⬇P8）を選ぶ。

4

絶《ぜっ》体《たい》絶《ぜつ》命《めい》

解き方

「風前《ふうぜん》のともしび」は「危険がせまり、いまにもほろびそうなこと」なので、「追いつめられてにげる方法がないこと」という意味の「絶体絶命《ぜったいぜつめい》」（⬇P6）を選ぶ。「ともしび」とは灯《とも》して明かりとする火のこと。

これで最後。「ことば系問題」はバッチリだね！

入試で差がつくポイント

❶「大風呂敷《おおぶろしき》を広《ひろ》げる」の類語には「大言壮語《たいげんそうご》」や「尾《お》ひれをつける」もある。また、選択肢《せんたくし》にあった「馬耳《ばじ》東風《とうふう》」（⬇P6）の類語には「のれんに腕押《うでお》し」（⬇P32）が、「油断大敵《ゆだんたいてき》」（⬇P18）の類語には「ありの穴《あな》から堤《つつみ》もくずれる」がある。

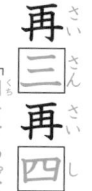

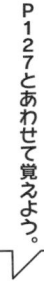

［資料①］知っておきたい「故事成語」

塞翁《さいおう》が馬《うま》

意味　何が幸せで何が不幸せかはわからないということ。

語源　塞《とりで》のそばに住んでいた翁《おきな》が、ある日、馬をにがしてしまったが、その馬が後に別の馬を連れて帰ってきた。また、その翁の子が落馬して骨折《こっせつ》してしまったが、おかげで戦いに行かずに済《す》み、命が助かったという故事。

参考　「塞」は敵《てき》の侵入《しんにゅう》を防《ふせ》ぐ建物、「翁」は老人のこと。

注意　「塞翁が馬」は「塞翁の馬」という意味。

他山《たざん》の石《いし》

意味　たいしたことのない他人の言動の中にも、自分の心がけしだいで学べるものがあるということ。

語源　他人の山から出た何の価値もない石も自分の玉をみがくのに利用できるように、つまらない人物の言動でも自分を向上させるのに役立てられると説く故事。

画竜点睛《がりょうてんせい》

意味　物事を完成させるときのだいじな仕上げのこと。

語源　竜《りゅう》を描《えが》いていた画家が、仕上げに竜の睛《ひとみ》を点じたら、完成した絵の竜が生命を得て空へのぼっていったという故事。

参考　「睛」は「瞳《ひとみ》」のこと。「点じる」は描き入れること。

「画竜点睛を欠く」という言い方もあり、その場合は、ほぼ完成しているがだいじな部分がぬけているという意味になる。

注意　「画竜」は「がりょう」と読む。

四面楚歌《しめんそか》

意味 孤立《こりつ》してしまうこと。

語源 「楚《そ》」という国の王が戦《いくさ》のときに敵に囲《かこ》まれたとき、四面（＝周囲すべて）から「楚」の歌が聞こえてきて、自国の民がみんな敵になったと思い、戦い続けることをあきらめたという故事。

呉越同舟《ごえつどうしゅう》

意味 仲が悪くても、いざというときには共通の利害のために協力し合うこと。

語源 「呉《ご》」と「越《えつ》」という国は仲が悪かったが、両国の人が同じ舟に乗り合わせてあらしにあってしまったときには、たがいに協力し合ったという故事。

杞憂《きゆう》

意味 心配する必要のないことをあれこれ心配すること。

語源 「杞《き》」という国の人が、天がくずれ落ちてくるのではないかとつねに憂《うれ》えていた（＝心配した）という故事。

矛盾《むじゅん》

意味 話の筋道《すじみち》が通らず、つじつまが合わないこと。

語源 矛《ほこ》と盾《たて》とを売っていた者が、「この矛はどんな盾でも突《つ》き通すことができるくらい鋭《するど》く、この盾はどんな矛でも突き通すことができないくらい頑丈《がんじょう》だ」と語ったが、別の者に「その矛でその盾を突くとどうなるか」とたずねられたところ、答えることができなかったという故事。

参考 「矛」は刃《は》を取り付けた柄《え》の長い武具。「盾」は、敵の攻撃《こうげき》から身を守る武具。

背水の陣《はいすいのじん》

意味 あとがないというかくごで物事に取り組むこと。

語源 戦のときに、自軍を有利な場所から水（川）を背にした場所に移動させ、不利な状況《じょうきょう》に陣をしく（＝軍隊を配置する）ことによって全力を出させて勝利したという故事。

［資料②］知っておきたい「和語」

あいにく	つごうが悪い様子。 用例 あいにくその日は雨だった。
あえて	わざわざ。 用例 コーチがあえて厳しく指導する。
あからさま（に）	少しもかくさない様子。 用例 母はあからさまにきげんが悪くなった。
あくまで（も）	どこまでも。 用例 私はあくまであきらめないつもりだ。
あたかも	まるで。ちょうど。 用例 あたかも風のように走り去った。
あながち	必ずしも。 用例 君の意見もあながち間違《まちが》いではない。
あらかじめ	前もって。 用例 あらかじめ話すことを決めておこう。
ありきたり	どこにでもある。 用例 ありきたりではない特別なことをしたい。
おざなり（に）	いいかげんに行う様子。 用例 おざなりに勉強しても成績は上がらない。
おのずから	ひとりでに。自然に。 用例 順を追って考えればおのずから正解《せいかい》は出る。

P141とあわせて覚えよう。

おもむろに	ゆっくりと。静かに。 用例 おもむろに口を開き、少しずつ語った。 類語 やおら（⬇P140）
かろうじて	やっとのことで。 用例 かろうじて電車に間に合った。
こともなげ（に）	特別なことではないように。 用例 大きな石をこともなげに持ち上げた。
したたか（に）	手ごわい様子。 用例 敵《てき》はしたたかに計画を練っていた。
たじろぐ	気おくれしてためらう様子。 用例 思いがけない反撃《はんげき》にたじろぐ。
ちぐはぐ	くい違って、そろわない様子。 用例 内容がちぐはぐでわけがわからない。
つぶさに	くわしく。細かく。 用例 何があったのかをつぶさに調べた。 類語 つまびらか（に）（⬇P140）

つれない	①思いやりがない。②よそよそしい。 用例 ①わざとつれないことをする。 ②つれない顔ですれちがう。
なおざり（に）	何の対応もせず、いいかげんな様子。 用例 環境《かんきょう》問題はなおざりにできない。 類語 おろそか（に） 参考 「おざなり」（⬇P152）は、いいかげんではあるが行動しているのに対し、「なおざり」は行動していないという違《ちが》いがある。
にわか（に）	とつぜん。 用例 にわかに雨が降ってきた。
はなはだしい	ていどがはげしい様子。 用例 かん違いもはなはだしい。
はびこる	勢《いきお》いが盛《さか》んになる様子。 用例 田畑に雑草《ざっそう》がはびこる。
もどかしい	思うようにならずいらいらする。 用例 上手に説明ができずもどかしい。

おわりに

この一冊を最後までやりとげたみなさん！　よくがんばりました！

勉強を始める前と比べると、みなさんの言葉の数は、ぐんと増えていることと思います。ページを進めるにつれて、難しい問題が増えていったと思いますが、特にテーマ別問題では、より入試問題を意識しつつ、自分の実力を試すことができたのではないでしょうか。

ただ、一度解いただけで安心してはいけません。 知識として自分の中に定着させ、生きた言葉として使えるようになるには、**何度もくり返して学習することが大切です。** 受験の直前までしっかり活用すれば、大切な得点源につながるはずですよ。

そこで、単に丸暗記をするというのでは忘れてしまうので、覚え方を工夫して、楽しみながら勉強することをおすすめします。

例えば、入試では次のように視点を変えた形で出題されることがあります。

四字熟語

・二つ同じ漢字がつくもの

「一〇一〇」――〈例〉一朝一夕、一期一会、一喜一憂…など

「自〇自〇」――〈例〉自画自賛、自問自答、自給自足…など

ことわざ・慣用句

・生き物、身体の一部、食べ物などでまとめたもの

〔例〕生き物「猫《ねこ》」がつく――猫に小判、猫をかぶる、窮鼠《きゅうそ》猫をかむ…など

身体「腹」がつく――腹を割る、腹が黒い、腹が決まる…など

食べ物がつく――みそをつける、青菜に塩、とんびに油あげをさらわれる…など

そのほか、似た意味や、反対の意味の言葉をセットにして覚えるのも効果的です。このようにまとめた形で、出題されることもよくあります（➡P138など）。また、この本では語源（言葉がどのようにできたか）を記しているものもあります。**いわれや教えを具体的に想像しながら、言葉の意味をとらえていくと、頭に入りやすくなります。**

語彙《ごい》力を高めるために、文章問題を解いているときも、知らない言葉があれば、その意味を必ず確認しましょう。こまめに辞書を引いて調べるようにすると、意味だけでなく、語源や使い方も知ることができます。「はじめに」で、用法を身につけることの大切さを説明しました。意味を覚えて使いこなす！　そうすれば、格段に言葉の世界が広がります。

この本が、みなさんの勉強の手助けとなり、志望校合格へいざなうものとなるよう、心から願っています。

監修　今中　陽子

さくいん

四字熟語

ことわざ・慣用句など

今中　陽子（いまなか　ようこ）

スタディサプリ講師。スタディサプリ中学講座にて、国語を担当。

大学在学中に大手進学塾の浜学園でアルバイトをしたことがきっかけで塾業界へ入る。15年以上、浜学園にて中学受験の国語を指導し、その経験をもとに現在も数多くの生徒を合格に導く。

また、小学生から高校生まで幅広い学年の生徒を指導しながら、塾や学校用の教材・各種模試の執筆にも携わる。超難関校への合格実績も多数。

立派に成長し人生を歩む生徒の姿に、喜びとやりがいを感じている。

改訂第《かいていだい》2版《はん》　中学入試《ちゅうがくにゅうし》にでる順《じゅん》
四字熟語《よじじゅくご》・ことわざ・慣用句《かんようく》

2024年１月26日　初版発行

監修／今中《いまなか》 陽子《ようこ》

発行者／山下 直久

発行／株式会社KADOKAWA
〒102-8177　東京都千代田区富士見2-13-3
電話 0570-002-301（ナビダイヤル）

印刷所／株式会社加藤文明社印刷所
製本所／株式会社加藤文明社印刷所

●お問い合わせ
https://www.kadokawa.co.jp/（「お問い合わせ」へお進みください）
※内容によっては、お答えできない場合があります。
※サポートは日本国内のみとさせていただきます。
※Japanese text only

定価はカバーに表示してあります。

ISBN 978-4-04-606646-6　C6081